DRESSING OURSELVES

THE ART OF CUTTING FOR DRESSING

DRESSING OURSELVES

BY ALESSANDRO GUERRIERO

CHARTA

DRESSING OURSELVES

Progetto grafico/Design
Claudio Cetina

Coordinamento grafico/Graphic Coordination
Gabriele Nason

Coordinamento redazionale/Editorial Coordination
Emanuela Belloni
Elena Carotti

Redazione/Editing
Giorgia Kapatsoris
Emily Ligniti

Traduzioni/Translations
Judith Mundell *(dall'italiano all'inglese/from Italian into English)*
Silvia Magi *(dall'inglese all'italiano/from English into Italian)*
Cecilia Bagnoli *(dal francese all'italiano/from French into Italian)*
Karel Clapshaw *(dal francese all'inglese/from French into English)*

Copy e Ufficio Stampa/Copywriting and Press Office
Silvia Palombi Arte&Mostre, Milano

Grafica Web e promozione on-line/Web Design and Online Promotion
Barbara Bonacina
.

Studio Biagetti, YOOX e l'Editore si scusano nel caso in cui alcune referenze fotografiche fossero state involontariamente omesse.
Studio Biagetti, YOOX and the Publisher apologize if any photographic credits were unintentionally omitted.

Palazzo della Triennale, Milano

18 gennaio 2005 – 20 marzo 2005
18 January 2005 – 20 March 2005

Una produzione/A production by
La Triennale di Milano
Yoox.com

 YOOX.COM

Edizioni Charta
via della Moscova, 27
20121 Milano
Tel. +39-026598098/026598200
Fax +39-026598577
e-mail: edcharta@tin.it
www.chartaartbooks.it

Printed in Italy

Mostra e catalogo a cura di
Exhibition and catalogue curated-edited by
Alessandro Guerriero

Art Direction
Alberto Biagetti

Coordinamento Generale/General Coordination
Studio Biagetti
Alice Stori
Ciaj Rocchi
Silvia D'Alessandro

Abiti/Clothes-Realizzazione/Manufacture
NABA - Nuova Accademia di Belle Arti
Anna Cardani
con/with
Lucia Mauri
Barbara Falzoni
Magda Selis
Emanuele Zamponi
Michela Benini
Antonio Cavadini

Fashion consultant
Giorgio Correggiari

Abiti/Clothes-Fotografie/Photos
Yoshie Nishikawa

Sculture/Sculptures-Realizzazione/Execution
Attilio Tono ATELIER ALMAYER

Coordinamento ricerca/Research coordination
Fabio Destefani
Giacinto Di Pietrantonio

Allestimento/Installation-Progetto/Project
Alessandro Guerriero e/and Alberto Biagetti
con/with
Mirko Ginepro
Artyom Kornev

Allestimento/Installation-Esecuzione/Execution
Bond S.r.l.

Music for Dressing
Ubik (Federica Maglioni con/with Mirto Baliani)

Ufficio Stampa/Press Office
Maria Cristina Bianchi
Serena Mancini
Monique Hemsi
Antonella La Seta (La Triennale di Milano)

In collaborazione con/In collaboration with

Con il patrocinio di/With the support of

Si ringraziano/We would like to thank
Salvatore Amura
Massimiliano Benedetti
Anna Biagetti
Hilary Bowers
Diego Corsi
Simone Gabrieli
Fabrizio Galli
Hamer Kamal
Ciho Kim
Kazunori Iwakura
Alessandra Papazzo
Federico Pazzi
Claudia Pessoa
Mario Piva
Remo Rapetti
Silvia Stabile (Lovells Studio Legale)
Stefania Vaccari
Alessandra Zucchi

Ogni tanto ci piace ragionare sul corpo, che sembra essere una parola in grado ancora di rigenerare i nostri progetti: quelli che ogni giorno gettiamo nel mondo che amiamo.

Ma ancora di più ci piace quando le ipotesi progettuali che facciamo sono rivolte su di noi... quando parliamo non dell'abito in genere ma del nostro abito, dell'abito che abbiamo sempre pensato o sognato... anzi, più precisamente quando diciamo: questo è l'abito fatto su misura per me. Perché è solo questo abito che diventa un vero e proprio autoritratto, come oggetto che contiene la possibile aggregazione infinita delle allucinazioni, degli incanti e degli abissi presenti nella nostra mente.

La sfida è quindi quella di riuscire a dire ancora una volta "io" mentre là fuori – nel mondo – etica, scienza, estetica, psicologia, moda diventano i nuovi fluidi dilatati, i nuovi sistemi coagulanti di ogni cosa che viene alla luce proprio per le persone di oggi che vogliono poesia, certezze, introspezione e amore.

Dressing Ourselves è un progetto antropologico perché pone l'uomo ancora una volta (spero sempre) al centro della nostra attenzione: solo partendo dal corpo possiamo intuire l'abito ma anche come sarà la sua stanza, l'arredo e la città in una ipotesi di continuità dal paesaggio del corpo a quello del territorio.

Every so often we enjoy reflecting on the body, which seems to be a word that is still able to revive our plans that we throw into the world we love every day.

But we like it even more when the plans we make are directed at ourselves . . . when we talk not of clothes in general but of our clothes, of clothes we have always thought or dreamed of . . . indeed, more precisely when we say: these clothes are mine alone. Because only these clothes become a true self-portrait, an object that contains the potentially infinite chain of hallucinations, enchantments and voids present in our minds. The challenge is therefore to manage to pronounce once more the word "I" while outside in the world, ethics, science, esthetics, psychology, fashion become the new dilated fluids, the new coagulating patterns for each thing that surfaces precisely for the people of today who want poetry, certainties, introspection and love.

Dressing Ourselves is an anthropological project because it places man yet again (I hope always) in the spotlight: it is only by beginning with the body that we can guess the clothes but also what the room, the furnishings and the city will be like, in a theory of continuity that connects the landscape of the body with that of the territory.

A. G.

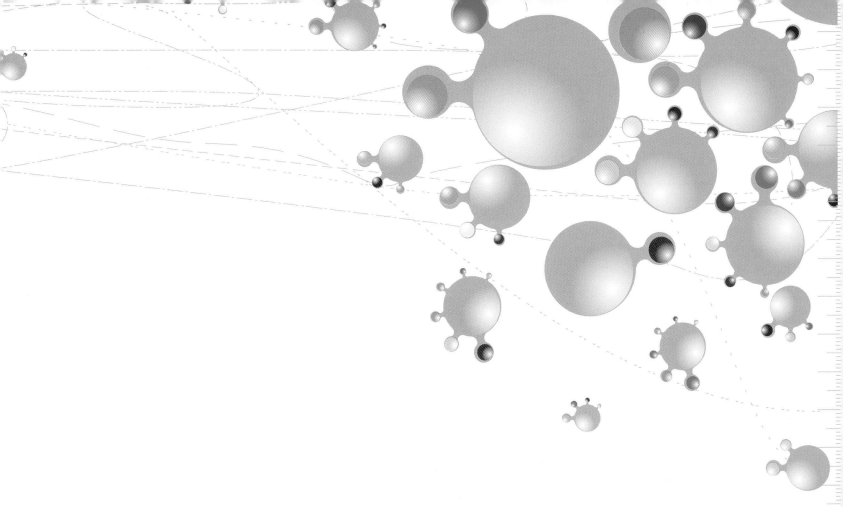

INTRODUZIONE / INTRODUCTION

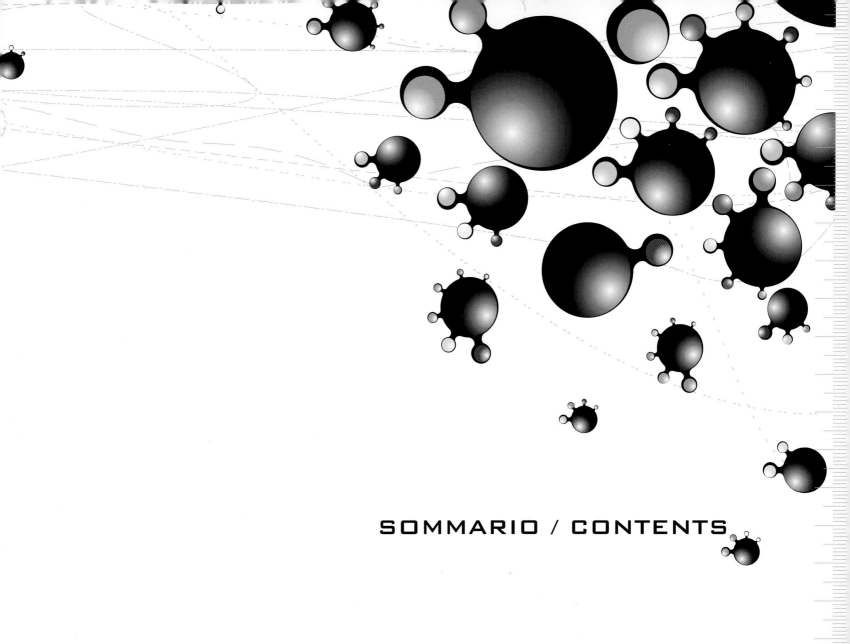

SOMMARIO / CONTENTS

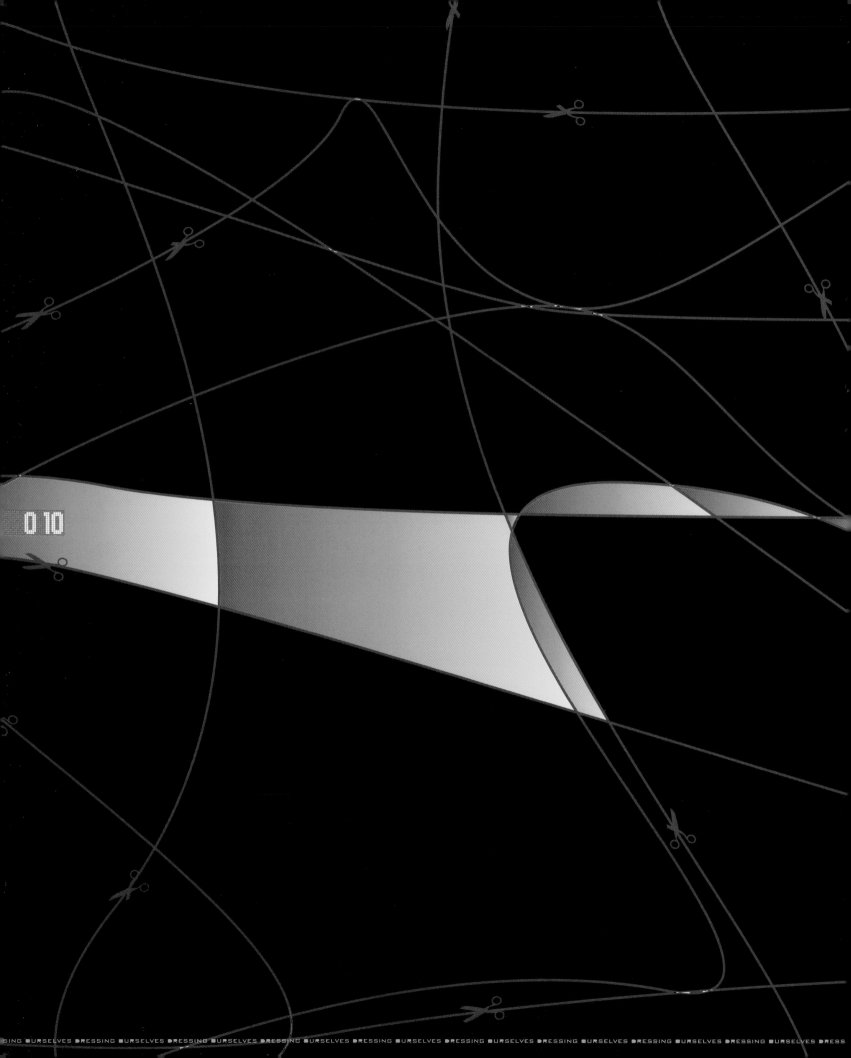

DICONO DI LORO / ABOUT THEM

UNIFORME-MOLTITUDINE

Marco Scotini

È noto l'incipit di *Mille plateaux*: "Abbiamo scritto *L'anti-Edipo* in due. Dato che ciascuno di noi era parecchi, si trattava già di molta gente". Siamo ormai moltiplicati, disseminati, oltre la soglia delle appartenenze, mai a casa propria, fuori dalla "volontà generale", sempre stranieri, divisi tra l'immediata contingenza e un "intelletto generale" entro cui si contratta la nostra politica quotidiana dell'identità. La forma di esistenza sociale del postfordismo è quella dei molti in quanto molti: né popolo, né razza, né classe, né religione. È ancora possibile allora identificarci con un segnale sociale, un indice di appartenenza, un costume o un abito che ci rappresenta? Qual è – se c'è – il segno di riconoscimento sociale della singolarità qualunque? Quella che fa sì che gli uomini co-appartengano senza una rappresentabile condizione di appartenenza?

Due risposte, almeno: o una dimensione camaleontica permanente, in grado di confondersi sempre e dovunque; oppure un abito-macchina a differenti determinazioni, grandezze, a più varietà di misura. E qui c'è bisogno che l'abito sia sempre lo stesso, come una divisa, ma a concatenazioni multiple: un abito-*tool*. Un costume che rifiuta la divisione del lavoro e un codice sociale pregresso (camice per il medico, giacca e cravatta per l'impiegato, tuta per l'operaio, etc.) ma che si assume come un invariante, come un tatuaggio inciso sul corpo.

Il processo di singolarizzazione della moltitudine compie qui un radicale sabotaggio all'idea di "uniforme". Se questa fino ad ora (anche nel caso delle subculture) trovava legittimato il proprio status all'interno di una comunità in cui i significati e le regole strutturavano relazioni precise, ordini e gerarchie ideologiche, adesso – al contrario – l'uniforme è il segno della proliferazione dell'individuo sociale. Tante uniformi quanti sono i molti. Non sono in gioco forme determinate come nel sapere, né regole costrittive come nel potere, ma regole facoltative (come nell'arte) con cui ridefinire, in ogni singolo caso, l'esistenza. Alcuni esempi: il cappello di feltro e la giacca da pescatore di Joseph Beuys, la tuta o il camice bianco da operatore sociale di Maria Nordman, il passamontagna del subcomandante Marcos, l'abito nero di Heiner Müller. Tutte figure, bene o male, di un esodo costitutivo: chi dall'arte, chi dal politico, chi dal religioso, etc; capaci però di essere molti allo stesso tempo, rappresentanti di più resistenze, di più ruoli, di più esperienze condivise. L'abito nero di Müller, il *dramatiker* del Berliner Ensemble e il testimone della *Deutsche Wende*, voleva mettere in scena il "nero" di tutti gli Amleto del ventesimo secolo. Proiettava la vita privata di Althusser, Pasolini e Gründgens in un contesto storico preciso riducendola a sintomo e materia: l'intellettuale non più come rappresentante ma, ormai, come puro oggetto di rappresentazione. Müller ri-vestiva sempre non tanto una condizione individuale ma quella della fine dell'intellettuale in generale.

UNIFORM-MASSES

Marco Scotini

The opening words of *Mille Plateaux* are well-known: "Two of us wrote *Anti-Oedipus*. Given that each of us were quite a few, there were many people involved." We are, by now, multiplied, scattered, beyond the brink of affiliations, never at home, outside the "general will," always foreigners, divided between the immediate circumstance and a general intellect within which our everyday politics of identity is negotiated. The shape of post-Fordism social life is that of the masses in so much as they are masses: neither people, nor race, nor class, nor religion. Is it still possible then for us to identify with a social signal, an index of belonging, a custom or item of clothing that represents us? What is—if there is any—the sign of social recognition of any individuality? That which allows men to belong with each other without any representable condition of belonging?

There are at least two answers: either a permanent chameleonic dimension, able to merge whenever and wherever; or a dress-machine for different purposes, sizes in a variety of measurements. And here the dress needs to be the same always, like a uniform, but with multiple links: a dress tool. A costume that rejects the division of work and a bygone social code (white coats for doctors, jackets and ties for office workers, overalls for factory workers, etc.) but which one wears as an invariant, like a tattoo drawn on the body.

The process of individualization of the masses here radically sabotages the idea of "uniform." If, up to now, this (in the case of subcultures, too) found its status legitimized within a community where the meanings and rules structured precise relationships, orders and ideological hierarchies, now—on the contrary—the uniform is the sign of the proliferation of the social individual. There are as many uniforms as there are people. Fixed forms such as in knowledge, compulsive rules such as in power are not in play, but there are optional rules (such as in art) with which one can redefine, in each individual case, existence. Some examples: the felt hat and fisherman's jacket of Joseph Beuys, the overalls or social worker's white coat of Maria Nordman, the balaclava of Subcommandante Marcos, the black suit of Heiner Müller. All figures are, somehow or other, parts of an exodus. Some from art, some from politics, some from religion, etc., capable however of being many people at the same time, representatives of more than one form of resistance, of more than one role, of more than one shared experience. Müller's black suit, the *dramatiker* of the Berlin Ensemble and the testimonial of *Deutsche Wende*, was an attempt to stage the "black" of all the Hamlets of the twentieth century. He projected the private life of Althusser, Pasolini, and Grundgens in a precise historical context reducing it to symptom and matter: the intellectual no longer as representative but, by now, as pure object of representation. Müller always dressed not so much an individual condition but that of the general end of the intellectual.

WHO CARES?!

Lorenza Pignatti

Gli abitanti di Alphaville mostravano tutti anomalie comportamentali. Compivano in modo seriale le medesime azioni o dicevano le stesse identiche frasi, come ad esempio "io sto benissimo grazie prego". La serialità e la programmazione erano parte del loro linguaggio, alcune parole erano state bandite e altre introdotte. Loro non potevano far altro che seguire tali precetti provenienti da Alpha 60, il grande computer che organizzava l'intero funzionamento della città. Stiamo parlando di *Alphaville, une étrange aventure* di Lemmy Caution, un vecchio film di Jean-Luc Godard degli anni Settanta ambientato in un futuro prossimo dove le tecnologie cercavano di impedire ogni forma di comunicazione tra gli individui.

Nessun linguaggio è bandito nelle cartografie ideate da Alessandro Guerriero, psiconauta del XXI secolo che dopo i tanti progetti da lui ideati in ambito editoriale e progettuale questa volta si confronta con un dispositivo narrativo chiamato *Dressing Ourselves*. Una macchina espositiva che presenta abiti disegnati come se fossero gli autoritratti di personalità di spicco del mondo della musica, dell'arte, dell'architettura e del design. Devendra Banhart, Enzo Cucchi, Andrea Branzi, Meschac Gaba, Toshiyuki Kita, Mimmo Paladino, Gaetano Pesce, William Alsop, Jimi Tenor sono solo alcuni degli artisti invitati a realizzare il proprio autoritratto in forma di abito. Certo sarebbe forse opportuno fare le dovute distinzioni tra i diversi linguaggi artistici: musica, design, arte, architettura, anche se nella cacofonica scena espressiva contemporanea tali suddivisioni possono risultare ormai obsolete. È Bruce Sterling, in un'intervista rilasciata a Takayuki Tatsumi alcuni anni fa, a sottolineare le infinite e seducenti possibilità di trasmigrazione tra i diversi ambiti espressivi. Dichiarava infatti Sterling: "As cyberpunk writers we consider ourselves in some sense pop stars rather than litterateurs... Gibson has that classic pop star cool. I also think of myself as being a pop star rather than a writer with a capital 'W'... I'm not really interested in writing the Great American Novel. I mean, who cares?... It's boring".

WHO CARES?!

Lorenza Pignatti

The residents of Alphaville all showed behavioral anomalies. They performed the same actions serially or said the same identical phrases, like for example "I am fine Thank you You are welcome." Seriality and programing were part of their language, some words were banned and others introduced. They could do nothing but follow the rules that came from Alpha 60, the large computer that organized the entire workings of the city. We are talking about *Alphaville, une étrange aventure* by Lemmy Caution, an old film of Jean-Luc Godard from the seventies set in the near future where technologies try to impede every form of communication between individuals.

No form of expression is outlawed in the maps created by Alesandro Guerriero, twenty-first-century psycho-naut who, after many projects devised in publishing and design spheres, now tackles a narrative device entitled *Dressing Ourselves*. An exhibition machine that presents clothes designed as though they were the self-portraits of prominent people in the world of music, art, architecture and design. Devendra Banhart, Enzo Cucchi, Andrea Branzi, Meschac Gaba, Toshiyuki Kita, Mimmo Paladino, Gaetano Pesce, William Alsop, Jimi Tenor are just some of the artists invited to make their own self-portrait in the form of clothing. Certainly it might be opportune to make the due distinctions between the various artistic languages: music, design, art, architecture, even though in the cacopho-nous contemporary art scene such subdivisions may turn out to be obsolete by now. It was Bruce Stirling, in an interview given to Takayuki Tatsumi some years ago, who underlined the infinite and seductive possibilities of transmigration between various spheres of expression. Indeed, Sterling declared: "As cyberpunk writers we consider ourselves, in some sense, pop stars rather than *litterateurs* . . . Gibson has that classic pop star cool. I also think of myself as being a pop star rather than a writer with a capital 'W' . . . I'm not really interested in writing the Great American Novel. I mean, who cares? . . . It's boring."

A NUDO

Fabio Destefani

Coprire per svelare. Nascondere per mostrare. Vestirsi per mettersi a nudo. Nudità di anime più che di corpi. Perché non è vero che il cuore umano non si lascia leggere. Non sempre almeno. C'è chi ha accettato la sfida. E per farlo ha progettato abiti che sono manifestazioni di un sentire profondo. Abiti quasi immateriali, evanescenti nel loro esprimere un'interiorità fatta di sogni, di paure, di aspirazioni e anche di contraddizioni. Abiti unici proprio perché individuali, non indossabili da chiunque, perché il nucleo profondo della nostra individualità non è sostituibile. Permane immutato nel tempo ed è unico. *Dressing Ourselves* non offre un saggio di stilismo né propone idee d'avanguardia atte a stimolare il tanto celebrato pianeta moda. *Dressing Ourselves* è invece un atto di fede nella poesia, nella capacità individuale di dar voce a un'interiorità spesso imprigionata in una quotidianità eterodiretta. Designer, musicisti, architetti, artisti si sono "svestiti" di abiti che non faranno (finalmente) tendenza, ma che per questo non saranno riposti nell'armadio e prontamente sostituiti con la creazione di una nuova collezione "primavera/estate" o "autunno/inverno". Eccentrici nel loro rifiuto di essere segni e testimoni del proprio tempo, questi capi pervasi da un'aura di "non-contemporaneità" oppongono all'incessante succedersi di tendenze e controtendenze un reale bisogno di autenticità, atemporale.

THE SOUL OUTSIDE

Fabio Destefani

Covering up in order to reveal oneself. Hiding in order to show oneself. Dressing up to get naked. Nudity of souls rather than bodies. Because it is not true that the human heart will not allow itself to be read. Not always, anyway. There are those who have risen to the challenge. And to do it they have designed clothes that are demonstrations of a profound feeling. Clothes that are almost immaterial, evanescent in their expression of an inner self made of dreams, of fears, of aspirations, and of contradictions, too. They are unique clothes precisely because they are individual and cannot be worn by just anybody, because the profound nucleus of our individuality is irreplaceable. It endures unaltered in time and is unique. *Dressing Ourselves* does not offer an essay on refinement of style and neither does it propose avant-garde ideas able to stimulate the much vaunted planet fashion. *Dressing Ourselves* is instead an act of faith in the poetry, in the individual capacity to give voice to an inner self that is often imprisoned in an everyday life that moves in different directions. Designers, musicians, architects, artists "shed" clothes that will not (finally) set trends, but which, for this reason, will not be left in the cupboard and promptly replaced with the creation of a new spring/summer or fall/winter collection. Eccentric in their refusal to be testimonials of their times, these clothes, pervaded with an aura of "non-contemporaneity," contrast the incessant string of trends and opposite trends with a real need for timeless authenticity.

IO E GRUPPO
ABITO CHE DISTINGUE, ABITO CHE EGUAGLIA

Paola Nicolin

Io e gruppo. Necessità di distinguersi, libertà di appartenere. Isolare l'élite, vestire le persone. Essere abito, divenire moda. L'idea di una mostra dove creativi, non della moda, disegnino un abito da far indossare a un altro "sé" in vetroresina, è anche un ragionamento sulle relazioni io-mondo: il desiderio di vestire la moda e comunicare se stessi, lo scarto tra l'essere sostanza e il bisogno di cambiare funzione. Nel riconoscere all'abito delle potenzialità narrative, ovvero la capacità di demandare alla costruzione di una veste per il corpo la scrittura di un profilo, che sia individuale o collettivo, la moda è una bizzarra e schizofrenica declinazione del reale. Accade quando l'abito si fa progetto. Accade quando l'abito non è il solo e perfetto risultato della composizione degli elementi, ma uno degli infiniti modi per descriversi, per interpretarsi. Non imitando il reale, ma ricostruendolo, come una possibile sintesi di io e mondo. Accade quando

l'abito costringe a una riflessione. Era il 1999. Accanto all'iconografia shock, la Fabrica Benetton-Toscani prende dei versi di Banana Yoshimoto e li stampa bianco su nero. Bambole Kokeshi. Campagna pubblicitaria primavera/estate 1999. Potenza delle parole, quando evocano immagini.

Io cerco dei vestiti che siano perfetti per me
Ma non li trovo da nessuna parte
Forma, tessuti e colori capaci di esprimere tutto quello che ho dentro
Vestiti che dicano che sono viva qui, in questo momento
Provo a mettere insieme tutte le immagini che conosco, ma non funziona
In questo paese oggi, nemmeno i miei genitori riescono a trovarli

Come una bambola kokeshi
Come un uovo sodo senza il guscio
Come un feto in attesa di venire alla luce
Aspetto qualcosa... [...]

Qui, come altrove, un abito è un autoritratto ove riconoscersi in un mondo-moda, quasi fosse una forma solida che fluttua nel montaggio liquido

di immagini "impazienti". Abita-re il vestito, vest-ire il mondo. Qui, come altrove, vestirsi è autoritrarsi: un lavorio fatto di micro sostanziali scelte di materia, colore e piega, che danno forma all'idea di sé. Tra io e gruppo, tra identità e differenze, tra broccato e *customize*, l'abito recupera la sua forza in un progetto affatto nostalgico, ma del tutto futuro.
Una ricerca tra natura e tecnologia, per uovo sodo senza guscio.

I AND THE GROUP

CLOTHES THAT MAKE YOU STAND OUT, CLOTHES THAT MAKE YOU THE SAME

Paola Nicolin

I and the group. The need to stand out, the freedom to belong. Isolate the elite, clothe the people. To be clothing, to become fashion. The idea of an exhibition where artists who do not belong to the fashion world design an item of clothing to be worn by another "self" in glass resin, is also a dissertation on the I-world relationships: the desire to wear fashion and express oneself, the gap between the essential being and the need to change role. In recognizing that clothing has a narrative potential, or rather the capacity to devolve to the making of a covering for the body the writing of a profile, be it individual or collective, fashion is a bizarre and schizophrenic declension of reality. It happens when clothing becomes project. It happens when clothing is not the only and perfect result of the composition of its elements, but

one of the infinite ways of describing it, of interpreting it. Not imitating reality, but reconstructing it, as a potential synthesis of "I and the world." It happens when clothes force you to reflect. It was 1999. Alongside shock iconography, Fabrica Benetton —Toscani takes the verses of Banana Yoshimoto and prints them black on white. Kokeshi dolls. Advertising campaign spring/summer 1999. Power of words, when they evoke images.

I'm looking for clothes that suit me to a T.
I can't find them no matter where I go.
Form, material, and color that can express all of my inner life.
Outfits that affirm I'm alive here now
Elude me though I combine all the images I know.
Even my parents can't find clothes for me in Japan today.

Like a limbless kokeshi doll,

Like a peeled hard-boiled egg,
Like a fetus waiting to be born,
I wait for something . . .

Here, as elsewhere, a dress is a self-portrait where you can recognize yourself in a world-fashion, almost as though it were a solid form floating in the liquid assembly of "restless " images. Inhabiting the dress, dressing the world. Here, as elsewhere, dressing oneself is portraying oneself: clever plotting made of micro essential choices of materials, colors and pleats, which give shape to the idea of self. Between "I and the group," between identity and contrasts, between brocade and customizing, the dress becomes strong again in a project that is not at all nostalgic, but entirely futuristic.
A search between nature and technology, for a peeled hard-boiled egg.

SELF-PROTECTION LOOK

Riccarda Mandrini

Da molto tempo l'abito ha assunto funzioni diverse da quella originaria (primaria) di proteggere il nostro corpo dal caldo o dal freddo. L'abito in epoca contemporanea custodisce soprattutto il nostro io interiore e spesso viene usato come schermo sul quale viene riflesso un mondo di immagini vere o false alle quali nel migliore dei casi possiamo appellarci.

In un'epoca in cui un numero infinito di stilisti ci propone almeno due volte all'anno abiti sexy, decorati, asimmetrici e minimalisti e via dicendo, l'imperativo sembra proprio essere quello di trovare una sorta di *self protection look* contro le mode imperanti, in particolar modo quando le vicende private della nostra vita si trasformano, per una serie di circostanze, in situazioni pubbliche.

È il caso di Greta Blok, diventata l'"Ambasciatrice delle donne divorziate" con l'opera *Woman in Divorce Battle on Tour* concepito su misura per lei dal figlio, l'artista olandese Cees Krijnen, per finanziare il divorzio della madre.

Il tour prese avvio da New York nel 2000 e proseguì in numerose città europee e in varie parti del mondo – in Italia fu ospitato per la prima volta a Biella dalla Fondazione Pistoletto – e a ogni esposizione, a ogni nuova tappa assumeva differenti forme.

Una sorta di work in progress in cui Greta viveva con sempre maggior consapevolezza il ruolo di ambasciatrice; da vera protagonista, e con enorme disinvoltura, Greta passava da una seduta fotografica a una conferenza stampa. Così, di fronte a un incremento delle tappe del tour, e alla necessità di proporre un'immagine coerente di donna, in perfetto equilibrio tra identità privata e il pubblico ruolo di ambasciatrice, Cees fu spinto a realizzare con l'aiuto dello stilista belga Dirk Schonenberg una collezione di abiti e il profumo Divorcée per Greta. Avvolta in una serie di ensamble – tutti pezzi unici – dal taglio severo e in qualche caso confezionati con un tessuto lucido, l'immagine pubblica di Greta si faceva sempre più emblematica, al punto tale che Cees decise di farne perfino una statua, presentata poi al Big di Torino.

Dopo diciassette anni di dispute legali e con il contributo dei media internazionali, la causa di divorzio di Greta Blok si è finalmente conclusa. Cees Krijnen ha voluto terminare il *Woman in Divorce Battle Tour* con la celebrazione di un nuovo matrimonio di Greta con se stessa. Naturalmente in abito bianco.

È in un modo analogo, tutto giocato sul filo sottilissimo della percezione e delle apparenze ma anche attraverso un sapiente uso dei media, che l'artista nigeriano Iké Udé porta avanti una critica decisa alla realtà contemporanea.

Il lavoro di Udé mostra una realtà eternamente scissa in due parti, in cui da un lato viene presentata "la facciata", seducente e di belle apparenze, dietro la quale si infrange l'autentica vocazione dell'essere umano. Attraverso un raffinato gioco di scambi Udé tende a liberare il concetto di arte dall'ortodossia delle definizioni, poiché "la nozione di arte", ci fa notare, "è più candida del suo stesso significato".

Questo spiega in parte la realizzazione di lavori provocatori come *Cover Girl* o gli autoritratti per le copertine di *The Face* e *Vogue*, ma è con la serie *Beyond the Decorum* – una collezione di abiti impeccabili, al cui interno sono però rappresentate scene decisamente provocatorie – con le quali l'artista trasforma il semplice gesto di "vestirsi" nella metafora della fragilità quotidiana e dell'eterna finzione contro il quale viene vanificato il fascino scintillante dell'apparire.

020

SELF-PROTECTION LOOK

Riccarda Mandrini

For a long time, clothing has performed functions that are different from their original (primary) function of protecting our body from heat or cold. Clothing in the contemporary age above all cherishes our inner self and is often used as a screen upon which a world of true or false images are reflected and to which, in the best of cases, we can appeal.

In an age in which an infinite number of fashion designers propose at least twice a year clothes that are sexy, decorated, asymmetrical and minimalist and so on and so forth, the imperative appears to be precisely that of finding a kind of self-protection look against the reigning fashions, especially when the private events of our lives are transformed, due to a series of circumstances, into public situations.

This is the case of Greta Blok, who became the "Ambassador of Divorced Women" in a work made to measure for her by her son, the Dutch artist Cees Krijnen, to finance her divorce, entitled *Woman in Divorce Battle on Tour*.

The "Tour" began in New York in 2000 and continued throughout Europe and the rest of the world—in Italy it was hosted for the first time in Biella by the Fondazione Pistoletto—and at each exhibition, at each new leg, it took on different forms.

A kind of work in progress in which Greta played the role of ambassador with increasing aplomb, like a true leading lady, with enormous confidence, she went from photo call to press conference. So, in the face of an extension of the tour, and the need to propose a coherent image of women, in perfect balance between private identity and the public role of ambassador, Cees was urged to make, with the help of the Belgian designer Dirk Schonenberg, a collection of dresses and the perfume *Divorcée* for Greta.

Wrapped in a series of *ensemble*—each one a unique piece—severely cut and in some cases made from clear fabric, the public image of Greta became increasingly emblematic, to such a point that Cees even decided to make a statue of her, later shown at the BIG in Turin.

After seventeen years of legal disputes and with the contribution of the international media, Greta Blok's divorce case was finally settled. Cees Krijnen wanted to end the *Woman in Divorce Battle on Tour* with the celebration of another wedding of Greta to herself. Naturally, in a white dress. In the same way, playing on a thin line between perception and appearances, but also making clever use of the media, the Nigerian artist Iké Udé shows a reality that is eternally split into two parts, in which on the

one hand there is the seductive "façade" of fine appearances, behind which the authentic vocation of being human shatters.

Through a sophisticated play of switching, Udé tends to free the concept of art from the orthodoxy of definitions, since "the notion of art" she makes us see "is more candid than its very meaning."

This in part explains the production of provocative works such as *Cover Girl* or the self-portraits for the covers of *The Face* and *Vogue*, but it is with the series *Beyond the Decorum*—a collection of impeccable clothes that, however, conceal decidedly provocative scenes—that the artist transforms the simple gesture of "dressing ourselves" into the metaphor of everyday fragility and eternal pretense foiled by the glittering allure of appearances.

AUTORI / AUTHORS

WILL ALSOP
PITTORE E ARCHITETTO / PAINTER AND ARCHITECT
UK

Will Alsop segue un percorso parallelo come artista, poiché pensa che l'arte sia una disciplina inseparabile dall'architettura.
È stato assistente di scultura al Central St. Martins College of Art & Design di Londra per diversi anni, ha ricoperto molti altri incarichi accademici e promuove attivamente il contributo dell'arte all'ambiente costruito. I suoi dipinti e i suoi disegni sono stati esposti, accanto ai suoi progetti architettonici, in mostre personali al Sir John Soane's Museum, alla Milton Keynes Gallery e alla Cube Gallery di Manchester, al Padiglione britannico della Biennale di Venezia e in molti altri posti.

Will Alsop follows a parallel path as an artist, feeling that it is a discipline inseparable from architecture. He was a tutor of sculpture at Central St. Martins College of Art & Design, London, for several years, has held many other academic posts, and actively promotes the artistic contribution to built environments. His paintings and sketches have been exhibited alongside his architectural projects in dedicated exhibitions at Sir John Soane's Museum, Milton Keynes Gallery, Cube Gallery, Manchester, the British Pavilion at the Venice Biennale and many others.

J. Hulme

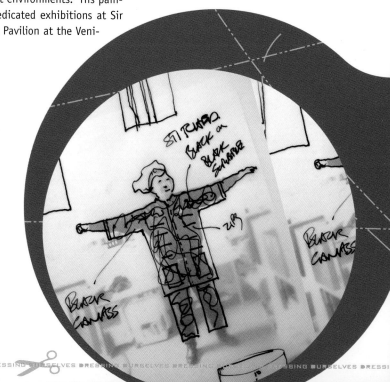

THE ALUMINUM GROUP

MUSICISTI / MUSICIANS
USA

The Aluminum Group – Happyness
(Wishing Tree Records)

A parer mio, è alquanto probabile che John e Frank Navin (la coppia di fratelli più determinata che sia mai uscita – allo scoperto – dalla città di Chicago) siano stati svezzati da subito a suon di Bacharach e *synth-pop*. Si unisca questo alla loro innata ricerca di perfezione e si ottiene la dolcezza cristallina di *Happyness*, il quinto album de The Aluminum Group.

Anche se le canzoni presentano tutte indubbie sonorità elettroniche, certamente questo album non rientra appieno nella categoria *electronica*. Si ha la sensazione che i fratelli Navin abbiano trascorso più di una notte facendo le ore piccole, rapiti da quella famosa pubblicità televisiva della AM Gold. E che, molto probabilmente, posseggano una collezione di cravatte veramente peccaminose.

Per quanto siano dolci le canzoni, i testi fanno sì che i motivi non si trasformino nel melenso e stucchevole amore-cuore da frivola musica da sottofondo. La maggior parte dei pezzi proposti sembra trattare di amori persi, cuori spezzati e tradimenti. In più, i Navin sanno sicuramente come creare illusionistici giochi di parole: "Dovresti lanciare la tua canna da pesca/ Solo fin dove può arrivare una metafora/Trascinerai a te i sentimenti di qualcuno/ Prima che tu te ne renda conto".

Il momento dell'album che preferisco arriva con *Be Killed*, dove il coro dice, così dolce e suadente: "Se si tratta di scegliere tra uccidere o essere uccisi/ Fatti uccidere, fatti uccidere, fatti uccidere". Il tutto affidato a un ritmo di bossanova e a voci leggere come una nuvola. Semplicemente geniale.

Happyness è perfetto per il brusco ritorno alla realtà tipico di un post-party o per calmarsi i nervi dopo essersi imbattuti in uno dei propri ex. Oppure, se siete ossessionati da cose come l'arredamento scandinavo, gli shaker per i martini, le tastiere, il kitsch della op art e il buon vecchio Burt con la sua abbronzatura, *Happyness* è una colonna sonora perfetta per la vostra filosofia di vita e azione, liscia come l'olio.

026

Methinks it very possible that John and Frank Navin (the most focused pair of brothers to ever come out of the city of Chicago) were weaned on a diet of Bacharach and synth-pop from the get-go. Couple that with their attention to perfection, and you get the flawless sweetness of *Happyness*, The Aluminum Group's fifth album. Although the songs are all undoubtedly electronic, this certainly does not fall under the *electronica* category. You get the feeling that the Navin brothers spent many a late night entranced by that AM Gold infomercial. And that they most likely have a really wicked cravat collection.

For as sweet as the songs sound, the lyrics certainly keep the tracks from turning into sickeningly sweet la-la-I-love-love fluffy background music. Most of the songs seem to deal with love lost, heartbreak, and betrayal. And the Navins sure know how to make illusionary puns: "You should be casting your fishing pole / Just as far as a metaphor will go. / You'll be tugging on somebody's heartstrings / Before you know."

My favorite moment on the album comes on "Be Killed" where the chorus says so softly and soothingly: "Given a choice to kill or be killed / Be killed, be killed, be killed." All set to a bossa nova beat and vocals as light as a cloud. Genius.

Happyness is perfect for a post-party comedown or for cooling off to after running into an ex. Or if you're obsessed with things like Scandinavian furniture, martini shakers, keyboards, kitschy op art, and good old tan Burt, *Happyness* is a perfect soundtrack to your smooth-as-ice M.O.

Christina Comley

IF OUR BODIES ARE DRESSED IN ALL THE COLORS OF TWO GINGERBREAD COOKIES (YUMMY CANDY-COATED SPRINKLES, LOTS OF SUGAR-TWISTS & LEMON DROPS— OH! AND MINIATURE CANDY-CANES), THEN THE SOUND OUR SOULS MAKE WHEN YOU BITE INTO ONE (OR TWO) OF US IS A "CRUNCH-CRUNCH-CRUNCH!"

PLEASE, BITE INTO ONE (OR TWO) OF US!

LOVE THE ALUMINUM GROUP

SE I NOSTRI CORPI SONO VESTITI IN TUTTI I COLORI DI DUE BISCOTTI ALLO ZENZERO (SUCCOSI BISCOTTINI RICOPERTI DI CANDITO, CON UN BEL PO' DI ZUCCHERO E DI GOCCE DI LIMONE – AH! E MINUSCOLE BARRETTE DI CANDITO), ALLORA IL SUONO CHE LE NOSTRE ANIME FANNO QUANDO QUALCUNO ADDENTA UNO (O DUE) DI NOI È "CRUNCH-CRUNCH-CRUNCH!"

VI PREGO, ADDENTATE UNO (O DUE) DI NOI!

AMATE L'ALUMINUM GROUP

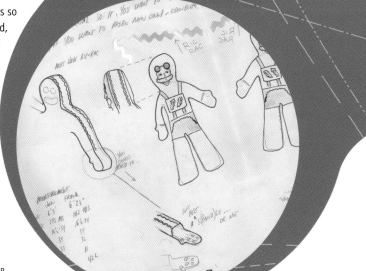

DEDICHIAMO I NOSTRI ABITI A/WE WOULD LIKE TO DEDICATE OUR COSTUMES TO: IRIS ANDRIER

ANTONY

MUSICISTA / MUSICIAN
USA

... Antony è un artista completo, basta assistere a un suo concerto per comprendere che egli aspira a una forma d'arte totale. Musicista, poeta, uomo di teatro, figura carismatica come lo sono stati i migliori performer che ci ha regalato l'arte visiva degli anni Settanta (e tra questi la straordinaria Laurie Anderson), nei suoi testi Antony affronta in termini di archetipo il tema della morte, dell'apocalisse, della redenzione, della trascendenza, racconta di sesso, famiglia, questioni esistenziali, religione, amori impossibili e sadomaso. (...) Antony è cresciuto nel Regno Unito e ad Amsterdam fino a undici anni. Si trasferisce poi con la famiglia in California, dove trascorre l'adolescenza e studia arte. A diciannove anni è finalmente nella Big Apple, frequenta per due anni la sezione di teatro sperimentale alla New York University e approfondisce l'uso del travestitismo nella scena d'avanguardia. Elabora un'immagine scenica che comprende anche abiti femminili, un sottile velo di fard e rossetto. Ma non si faccia l'errore di definirlo una drag queen, sarebbe invece più corretto considerarlo metà angelo metà poeta maledetto. Se mai un riferimento alle sue movenze e ai suoi costumi si vuol fare questo è Kazuo Ohno, il grande ballerino di Butoh a cui Antony si ispira – il Butoh è una forma di ballo contemporaneo d'avanguardia proveniente dal Giappone e nato attorno alla metà degli anni Cinquanta per rappresentare la lacerazione del corpo in conseguenza alle devastanti esplosioni nucleari del 1945. Altri amori di Antony sono il fotografo e film-maker Jack Smith, morto di AIDS nel 1989 e noto per le sue capacità di generare delirio estetico attraverso immagini barocche, e poi ancora Leigh Bowery, performer visivo e musicista che unisce new romantic e punk in un insieme allora inedito e dissacratorio, impresario di nightclub, costumista e disegnatore di moda votato all'ambiguità sessuale. Come Jack Smith, anche Leigh Bowery muore di AIDS, nel 1994. È a lui che si deve a Londra l'apertura del Tatoo, punto di riferimento per la musica new romantic degli anni Ottanta.

... Antony is a complete artist. It is enough to attend one of his concerts to see that he aspires to an all-encompassing form of art. A musician, poet, showman and charismatic figure, just like all the best performers who brought us visual art in the seventies (including the extraordinary Laurie Anderson), Antony tackles the themes of death, the apocalypse, redemption, transcendence in terms of archetypes, and narrates sex, family, existential questions, religion, impossible loves, and sadomasochism . . . Antony was brought up in the United Kingdom and Amsterdam until the age of eleven. Then, with his family, he moved to California, where he spent his teenage years and studied art. At the age of nineteen he was, at last, in the Big Apple where he attended a course in experimental theater at New York University and studied the use of transvestism in the avant-garde scene. He perfected a stage look comprising women's clothing, a thin layer of blusher and lipstick. But we must not make the mistake of branding him as a drag queen. It would be more correct to think of him as half angel, half damned poet. If one were to seek a reference for his gestures and costumes it might be found in Kazuo Ohno, the great Butoh dancer who inspired Antony (Butoh is a form of avant-garde contemporary dance from Japan, born in around the mid-fifties to represent the laceration of the body as a consequence of the devastating nuclear explosions in 1945). Other loves of Antony are photographer and filmmaker Jack Smith, who died of AIDS in 1989 and who was famous for his ability to generate esthetic raptures through Baroque images, and Leigh Bowery, a visual performer and musician who united new romantic and punk in a whole that was then novel and teasing, a night club impresario, costume and fashion designer devoted to sexual ambiguity. Like Jack Smith, Leigh Bowery also died of AIDS in 1994. It is to him that we owe the opening in London of Tatoo, a reference point for the new romantic music of the eighties.

Demetrio Paparoni
Mucchio Selvaggio supp. no. 9, spring 2003

PANDEM A BODY
I FALL AND I FALL
PRICE O MA SHADEY
I CALL AND I CALL
MIRROR INA OSHEN

ANTONY

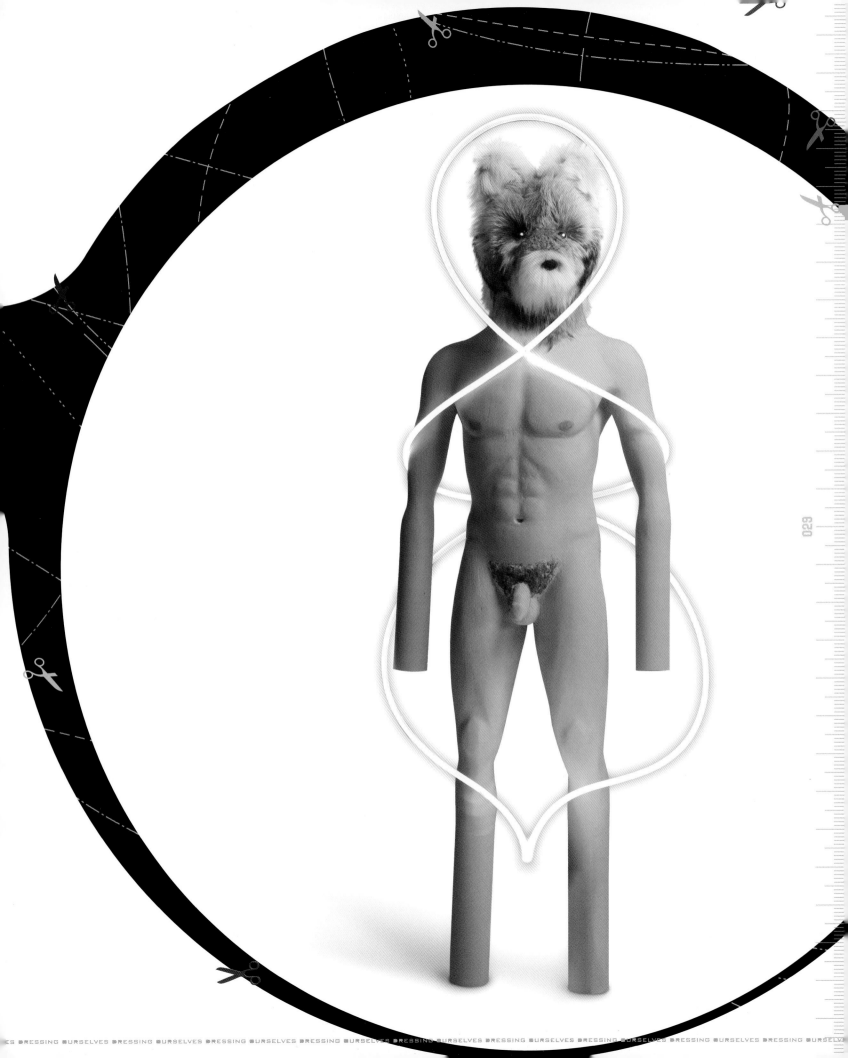

DEVENDRA BANHART

MUSICISTA / MUSICIAN
USA

Dal mio punto di vista, la parola empatia va intesa come "percezione sincera e profonda dello spirito emozionale degli altri esseri umani". Secondo questa definizione, Drughino Corvo-Banhart è tra le persone più empatiche che io abbia mai conosciuto. Vi dico che il ragazzo è una pura meraviglia dorata, con un cuore che è un luogo aperto, gentile. I suoi occhi, la sua voce, l'essenza del suo spirito ardono di quel tipo di amore empatico che dimostra come l'anima di una persona non possa venire giudicata dall'alterazione della pelle dovuta all'età o agli agenti esterni, ma che in qualche modo si possa invece trovare dentro di noi, ardente, latente, che aspetta solo di venire stretta in un nostro abbraccio. È così, semplicemente, qualunque sia la ragione per cui non ci sono più limiti, ora, qui, con lui, e noi dobbiamo sentire il suo calore, splendore, passione. Quel potere di infiammare l'appassionato spirito interno che giace sopito in tutti noi. Quel potere di accettare il prezioso spirito della vita e di lasciarlo correre in libertà, e fluttuare, e invadere di luce ogni creatura vivente. Una risata selvaggia che risuona liberamente con gli animali, gli alberi e i cristalli, e riecheggia nei canyon dell'alto deserto, nelle vuote strade di città, negli oscuri caffè, nei dormitori dei college (tra tutti quei bong per la marijuana, e poster di Marley, e scatole di detersivo per la lavanderia, e i-Pod) e in qualunque altro luogo ci sia tra questi. Ogni cosa vivente in possesso del calore che ci riporta alla vera natura della vita stessa, o a qualche merda del genere.

Devendra nasconde ronza fischia bacia sputa caca scrive canta respira tocca contamina. Sotto i suoi piedi la madre terra. Spirito ed eternità, l'infinito e internet, ogni anima della nuova era alla ricerca di qualcosa, flutti di vapori nebbiosi di saggezza in alto, sopra, attraverso tutti noi. Penetrare nel nucleo di tale potere di vibrazione non è un compito da poco. La canna si flette al vento e non si rompe. Il mago senzatetto trova invisibilità e forza in un logoro e sudicio mantello vecchio. Ogni maglia è intessuta con il potere della luce eterna, dell'amore, della saggezza. Nasconde la luce nella sua vecchia barba puzzolente. Un corvo robusto vi segue per un quarto di miglio, fissa e gracchia. Vi ritrovate seduti accanto a una donna hopi sull'aereo. Io ho conosciuto Devendra in molte bizzarre e noiose circostanze – nessuna delle quali è assolutamente importante. La mano delicata è sempre nota a chi cerca esausto. Il caldo cuore appassionato (dell'amore empatico e della comprensione universale) è una luce incustodita che scorre liberamente attraverso tutti noi. Lui vede i laser dorati che scorrono dalle sue mani, cuore, bocca? Sulla carta, nei microfoni, fuori dagli altoparlanti, sopra l'oracolo inter/etere nei nostri occhi, orecchie, menti, e di nuovo fuori attraverso di noi nell'eterno meraviglioso silenzio della saggezza infinita? Sapete che voi e ogni pezzo di materia che respira su questo pianeta, in questo universo, trattiene rilascia diffonde contamina con una tale ardente luce al laser? Anch'io? Anche lui? I tizi capelloni con peli sul viso e sembianze misteriosamente etniche se la spassano di più? È forse Will Ferrell nella commedia di successo *Zoolander*? È forse la sua alta moda "Derelique"? *Matrix reloaded*? *Rush Hour 2*? Il sangue dei nativi massacrati in questo continente infradicia la nostra Collective Soul (yeah)? Siamo di un passo più vicini a Dio, o alla Verità, o alla Bellezza? L'incantesimo dello sciamano calpestato in eterno sarà scagliato attraverso tutti noi, condannandoci a una vita di complicate ironie, incatenandoci e accecandoci con la nostra velocità e tecnologia? Avete mai cantato sulle note di "Zuma" facendo la doccia nello scalcinato bagno dell'appartamento di un dottorando con borsa di studio del dipartimento di antropologia? Voglio dire, che cazzo è il primitivismo se non il triste grido congiunto del conquistatore colpevole e delle sue vittime sanguinanti, stuprate, sputato fuori per farci restare senza fiato e provare bramosia? I nostri computer conservano le anime di tutti i "musi rossi", "scopacammelli", "negri", "sgualdrine", "megere" che ognuno di noi ha incasinato e schiacciato per bene? Contaminano le nostre e-mail e cartoline con le loro lacrime amare? Io preferirei raccogliere le mie poche coperte logore e raggomitolarmi, nascosto dal calore al neon di una banca di New York City... Oppure cavalcare il mio scintillante golf cart a noleggio nella giungla caraibica, con R Kelly dietro di me, lucidando il mio ferro da nove con il top del bikini della sua bollente fidanzata... Oppure prendere del peyote comprato da un nativo americano senzatetto sulla strada per Las Vegas... Oppure perdermi nei canyon al di là della costa californiana a bordo del lussuoso SUV di qualcuno, ascoltando Neil Young e Hoobastank e un po' di "black music", mentre mi fumo l'erba gentile che

segue a p./continued on pg 114

Adam Forkner

MARKUS BENESCH

DESIGNER

DE

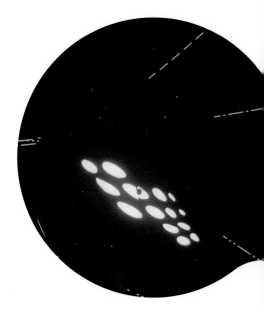

MARKUS NELLO SPAZIO. A volte si incontrano persone nella vita che hanno una tale passione per quello di cui si occupano che ti fanno sentire noioso. Ciò che adoro di Markus è il fatto che sia il primo astronauta che io abbia mai conosciuto. Ho la sensazione che un giorno, in futuro, atterrerà con una navicella spaziale di fronte al mio studio e mi porterà via, verso un mondo migliore pieno di divertimento e ottimismo. Fammi sapere quando verrai a prendermi, Markus, in modo che possa fare le valigie in tempo.

MARKUS IN SPACE. Sometimes you meet people in life who have such a passion for what they do that they make you feel boring. What I love about Markus is that he is the first astronaut I have ever met. I have a feeling that one day in the future he will land in a spaceship in front of my studio and take me away to a better world full of fun and optimism. Let me know when you will be coming to pick me up Markus, so that I can pack my suitcase in time.

James Irvine

Markus Benesch si serve di forme, colori e materiali nei suoi oggetti in modo tale da elevare ogni elemento e ogni spazio, fino a portarli a un altro livello: ogni incontro con i suoi lavori è un'esperienza speciale.
Io amo la passione di Markus, che è evidente in tutte le sue creazioni – quello scintillio negli occhi, quella giocosità...
In particolare, mi piace circondarmi dei suoi modelli: sono tutti oggetto e fonte d'ispirazione allo stesso tempo. Si ha la sensazione che segnino semplicemente un inizio – e questo è per me l'aspetto più emozionante quando si arriva a progettare.

Markus Benesch employs forms, colors and materials in his objects, so as to elevate each item and each room, and lift them to another level: every encounter with his objects is a special experience.
I love Markus' passion, which is apparent in all his creations—the twinkle in the eye, the playfulness.
I particularly like to surround myself with his designs: they are all inspired and inspiring at the same time.
One has the feeling that they just mark a beginning—and this is the most exciting issue for me when it comes to design.

Christiane zu Salm

A COLORFUL SOUL HOSTS VARIOUS CREATIVE BODIES—
THEY ARE NOT INFLUENCED OR DOMINATED BY THEIR
ACTUAL PHYSIQUE, BUT IT IS THE DRESS THAT REVEALS
THEIR TRUE GLOWING NATURE.

UN'ANIMA COLORATA OSPITA VARI CORPI CREATIVI – NON
SONO INFLUENZATI O DOMINATI DAL LORO FISICO REALE,
MA È IL VESTITO CHE RIVELA LA LORO VERA NATURA
LUMINOSA.

MARKUS BENESCH

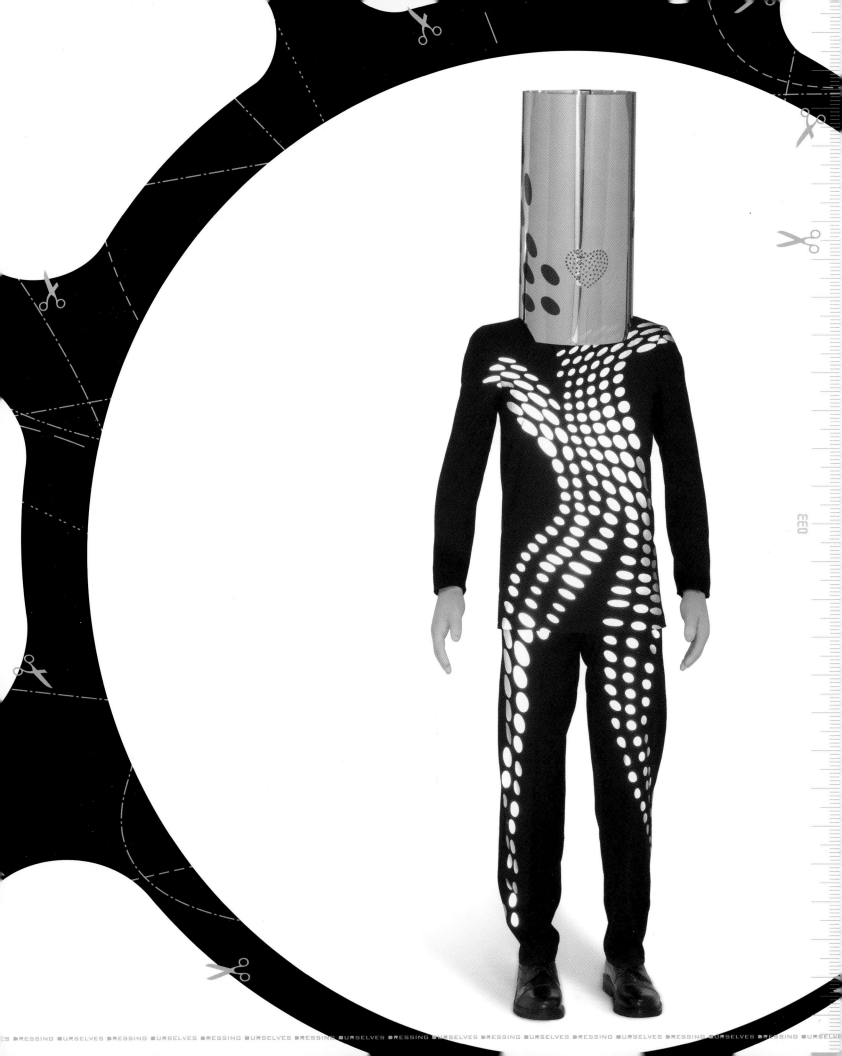

ENRICA BORGHI

ARTISTA / ARTIST

IT

Enrica Borghi sceglie d'installare una boutique: una boutique di intimo molto trendy, bei vestiti e accessori femminili, eleganti vestaglie, mutandine e reggiseni sexy, ciabattine raffinate, profumo raro *Souvenir de Venise*... Lei offre al visitatore/consumatore – naturalmente disturbato – un miraggio di lusso, di *fashion*. È così che la sua boutique gioca la concorrenza: più sogni, più desideri.

Ma a vedere più da vicino, delle ambiguità e degli slittamenti si evidenziano. Così, il mobilio della boutique, *très chic*, è fatto di bottiglie di plastica e potrebbe essere stato concepito da un designer portato alla tendenza "riciclaggio e rispetto ambientale". L'intimo e i vestiti sono confezionati con indumenti degradabili, a base d'amido di mais, utilizzati per esempio nei centri ospedalieri. Questo materiale ecologico serve anche a realizzare dei sacchi mortuari. E di colpo le mutandine o l'elegante vestaglia perdono il loro glamour...

Enrica decides to open a boutique: a very trendy lingerie boutique, beautiful, women's clothes and accessories, elegant dressing gowns, sexy undergarments and bras, posh slippers, rare perfumes "Souvenir de Venise" . . . She offers the—naturally disturbed—visitor/customer a mirage of luxury, of *fashion*. This is how her boutique handles the competition: more dreams, more desires.

But when one looks closer, there are evident ambiguities and slips. So, the very chic boutique furnishings are made of plastic bottles and might have been conceived by a designer with an obsession for "recycling and respect for the environment." The lingerie and clothes are made of thrown-away bits of clothing, based on cornstarch, used in hospitals for example. This environmentally-friendly material is also used to make mortuary bags. And all of a sudden the undergarments or elegant dressing gown are no longer glamorous . . .

Odile Biecs

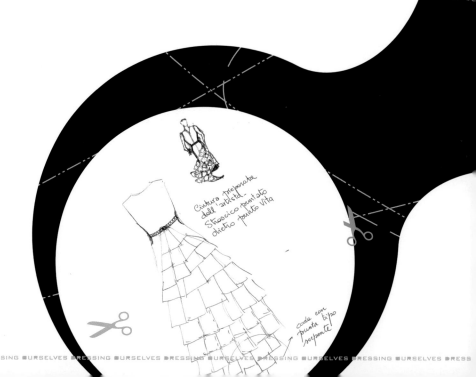

CON UN ABITO E UN CORPO DA DIVA ANNI CINQUANTA
RINCORRO ARRUFFATA IL COLORE E IL SUONO DELLA MIA ANIMA.

WITH THE DRESS AND THE BODY OF A FIFTIES STAR
DISHEVELED I CHASE THE COLOR AND SOUND OF MY SOUL.

ENRICA BORGHI

ANDREA BRANZI
ARCHITETTO E DESIGNER / ARCHITECT AND DESIGNER

IT

La ricerca proteiforme che Andrea Branzi porta avanti instancabilmente dagli anni Sessanta testimonia la sua volontà di esplorare in modo radicale il linguaggio comune all'oggetto, all'architettura, all'urbanistica e all'ambiente. Il design, come egli stesso spiega, è "un protagonista della metropoli e contribuisce alla sua qualità agendo dall'interno". E se dal manifesto *No-Stop-City*, che considerava la complessità come elemento centrale dell'era del cambiamento, la sua visione della metropoli non si è modificata nella sostanza, essa si è evoluta con l'emergere di nuove realtà. Non si tratta più di "cambiare" il mondo, ma di "aggiungere" qualcosa considerando la dimensione sempre più incontrollabile della città. Chiamato a tenere conferenze in tutto il mondo, autore di numerose opere, curatore di mostre sulla storia del design, vincitore di molti premi internazionali (nel 1987 ha ricevuto il Compasso d'Oro alla carriera), Andrea Branzi ha più volte partecipato alla Triennale di Milano e alla Biennale di Venezia, e molti musei gli hanno dedicato mostre personali. Le sue opere, lontane dal generare degli standard, interrogano la dimensione umana del concetto stesso di design; poiché è il divenire umano, soprattutto, a interessarlo.

The protean investigation that Andrea Branzi has been carrying out indefatigably since the sixties testifies to his determination to make a radical exploration of the language common to the object, architecture, town planning and the environment. For him design is, as he explains, "a key character in the metropolis, contributing to its quality, acting from within." And if his view of the metropolis has not really changed since his manifesto *No-Stop-City*, which incorporated complexity as a central element in the age of change, with the emergence of new realities it has evolved. It is no longer a question of "changing" the world but of contributing "more" to it, while appreciating the increasingly uncontrollable dimension of the city. Called upon to give talks in all quarters of the world, he has authored numerous publications, curated exhibitions about the history of design, and been awarded international prizes (receiving the Compasso d'Oro for his work as a whole in 1987). He has appeared several times in the Triennale in Milan and the Biennale in Venice, and numerous museums have devoted solo shows to him. Far from engendering standard results, his work unfailingly questions the humanist dimension of the very act of designing; for it is the future of humanity that interests him above all else.

Nadine Labedade

DALL'EPOCA DELLE GRANDI SPERANZE SIAMO
PASSATI A UN'EPOCA DI INCERTEZZA
COSTANTE, DI TRANSIZIONE PERMANENTE

WE HAVE MOVED ON FROM THE PERIOD OF
GREAT HOPES TO A PERIOD OF PERMANENT
UNCERTAINTY, OF STABLE TRANSITION

ANDREA BRANZI

ENZO CUCCHI

ARTISTA / ARTIST

IT

Se qualcuno sale molto, molto in alto, riesce a penetrare nelle varie sfere di cristallo che avvolgono il pianeta e attraverso la perfetta trasparenza delle lenti grand'angolo gli è concesso di vedere paesaggi strani, deformi, senza orizzonti, con prospettive cosmiche...

Se uno sale molto, molto in alto, può assistere a eventi misteriosi, colorati di aspre luci siderali e può sentirsi cittadino di una popolazione silenziosa, sbranata, dispersa, immobile, a volte viva, a volte morta; a volte anche una popolazione di fantasmi.

Qualcuno, come Enzo, che sale molto, molto in alto può assistere perplesso alla abissale epifania del sacro.

If someone ascends to a very great height, managing to penetrate the various spheres of crystal that surround the planet, then, through the perfect transparency of the wide-angled lenses, he will be able to see strange, deformed horizon-less landscapes with cosmic perspectives.

If someone ascends to a very great height, he may observe mysterious events, awash in chilly starlight and feel he is a member of a silent race, torn limb from limb, scattered, inert, sometimes alive, sometimes dead; even a ghost at times.

Someone, like Enzo, who ascends to a very great height can observe bemusedly the bottomless epiphany of the sacred.

Ettore Sottsass

038

CORPO È COSÌ COSÌ
ANIMA... È DI DIO
ABITO NÉ CORTO NÉ LUNGO
SUONO È MEDIO
COLORE, NON ESISTE

BODY IS SO SO
SOUL...IS GOD'S
DRESS NEITHER SHORT NOR LONG
SOUND IS MEDIUM
COLOR DOES NOT EXIST

ENZO CUCCHI

NATHALIE DU PASQUIER

ARTISTA / ARTIST
FR

Si dice che in un'antica tribù gli indigeni dipingessero i loro corpi affinché l'anima avesse la possibilità di proiettare quei disegni sugli oggetti circostanti: più l'anima era forte e intensa, più quei colori erano nitidi, potevano andare lontano e adagiarsi dolcemente su ogni oggetto che li circondava.

Loro non erano nel mondo ma era il mondo che era nella loro anima.

Poi invece la civiltà occidentale, nata da quel modo di pensare che regolandosi sul principio di non contraddizione e sul principio di casualità, ha stabilito l'identità di ogni cosa con se stessa e l'ordine rigoroso delle sue relazioni.

L'uni-verso che ne è nato ha dissolto in sé ogni di-verso, ogni pluralità, ogni differenza, ogni ambivalenza di cui un tempo si nutriva il linguaggio primitivo e oggi il linguaggio psicologico.

Il mondo dei sogni, infatti, è irrispettoso dei due principi, così come lo è il mondo dell'infanzia e il mondo della follia, dove qualcosa è sì se stesso, ma anche altro, e dove le cose non sempre si conseguono, ma talvolta accadono insieme.

È proprio per questo che in ogni gesto, in ogni progetto, in ogni disegno c'è tutta la relazione di Nathalie con il mondo, il suo modo di vederlo, di sentirlo, la sua eredità, la sua educazione, il suo ambiente, la sua costituzione psicologica...

They say that in an ancient tribe of aboriginals they would paint their bodies so that the soul could project those drawings onto surrounding objects: and the stronger and more intense the soul the sharper the colors were and the longer the distance they could travel to drape themselves gently on any surrounding object.

They were not in the world but it was the world that was in their soul.

Then, on the contrary, Western civilization was born of that way of thinking which, acting on the principle of non-contradiction and coincidence, established the identity of each thing with itself and the strict order of its relationships.

The uni-verse that was born of this blended every di-versity, every plurality, every difference, every ambivalence that at one time fueled primitive, and nowadays fuels psychological, expression.

Indeed, the world of dreams is disrespectful of the two principles, as is the world of childhood and the world of madness, where something is indeed itself, but also something else, and where things do not always follow each other, but sometimes happen at the same time.

This is precisely why in every gesture, in every project, in every design there is Nathalie's relationship with the world, her way of seeing it, feeling it, her inheritance, her upbringing, her environment, her psychological make-up . . .

Alessandro Guerriero

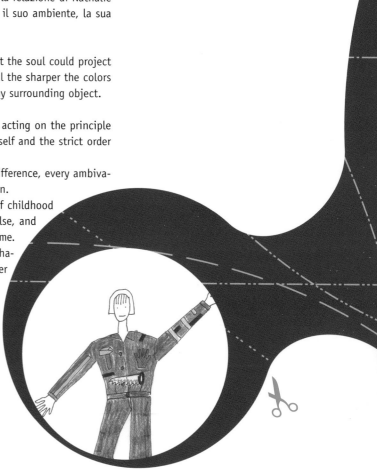

MACOR ABIPOSU! LORECOTO ONOANI!
(PER CHI NON CAPISCE SIGNIFICA: AVANTI LAVORATORE!
LA VITA È BELLA)

MACOR ABIPOSU! LORECOTO ONOANI!
(FOR THOSE WHO DO NOT UNDERSTAND, IT MEANS:
FORWARD WORKER! LIFE IS BEAUTIFUL)

NATHALIE DU PASQUIER

PABLO ECHAURREN

ARTISTA / ARTIST

IT

Pablo Polipo Pop

Immaginate il percorso di Pablo Echaurren come un gigantesco rotolo dai fili colorati. Un planisfero dell'esperienza creativa in cui le tessiture inventano forme sempre diverse, nodi autonomi, superfici senza spicchi banali. Ne derivano oltre trent'anni di opere dai solidi concetti ma sensoriali, comunicative, dense di pathos e sensualità.

(...) La formula del dipingere, benché identificabile rispetto al quadro, si estende con Pablo lungo molteplici superfici espressive. Il carattere trasversale lo ha condotto a un deciso sviluppo delle geografie formali su cui intervenire. La pittura rimane un linguaggio tipico ma diventa anche materia, superficie, formula tecnica capillare. Alle tele ecco aggiungersi ceramiche, arazzi, collages, copertine per libri e dischi, locandine, gadgets, fumetti, immagini mobili... campi d'azione che diversificano il risultato nel mantenimento dinamico dello stile identitario. La pittura di Pablo richiama la trasversalità del *Pensiero Fluido*, la sperimentazione libidinosa, l'eclettismo come teoria e forma reale.

(...) Ricordiamo che Echaurren, dopo gli anni Settanta dei fermenti civili e di una tendenza al piccolo formato, aveva rallentato il ritmo produttivo per alcuni anni. Il finire degli anni Ottanta lo rivide al lavoro su pitture veloci e marinettiane, sintomo di un collagismo innato che lo portò a sovrapporre, incastrare e fondere elementi figurativi. Quadri che sembravano muoversi e rumoreggiare: ricordando eliche, motori, turbine, meccaniche oliate, imbevuti di Francis Picabia e aeropittura futurista, dadaismi gassati e Meccano, antiastrazione e gioco.

Ripartendo dai primi anni Novanta, le opere quadrate saranno la conferma di un'estetica che prima agisce su variabili minime e sequenziali di un soggetto comune, in seguito reitera maniacalmente i singoli elementi o le loro variazioni. Un albero, un animale, un drago, un cuore, un vulcano, una natura morta, una chitarra... forme che colpiscono il suo immaginario e si moltiplicano nella fitta trama di visioni ormai ipnotiche, distanti da qualsiasi formalismo ufficiale.

Negli ultimi anni le tele hanno virato la struttura verso storie di maggior cattiveria e rumore sotterraneo. Riecco i fondali sporchi dalle stesure selvagge: e sopra alcuni soggetti più realistici e bestiali del solito. Un gioco di ripetizioni concentriche e turbini dinamici che ci catapulta in un colore più duro che ricorda le vecchie atmosfere da muro berlinese.

Sto riguardando le tele dei vari cicli e penso al futurismo e al surrealismo, agli sguardi acidi del trip, al rock storico, ai graffitisti fine anni Settanta, alle controculture antagoniste, ai grandi musei senza inibizioni, ai ritmi ossessivi di una musica elettronica che accompagna il corpo su confini meno terrestri. Mi confermano l'intuito spontaneo dell'autore, la sua abilità ad anticipare le recenti culture figurative tra postfumetto e citazionismi ironici. Pochi artisti vantano un'influenza estesa sulle nuove generazioni. E soprattutto, pochissimi estendono i propri influssi su linguaggi talvolta distanti, verso il design e la grafica, la pittura e l'illustrazione, la scultura e ogni applicazione estetica del disegno.

Svariati autori ammettono i giusti debiti, qualcuno non possiede memoria storica ma vince per talento e intuito, altri credono nella furba vaghezza senza ricordare la democrazia della Storia. Di fatto, il nostro Pablo Echaurren anticipa e fortifica la contaminazione da oltre trent'anni. Fonde Alto e Basso in una salvifica fusione, sia etica che estetica. D'improvviso, senza moralismi e forme chiuse, fa scomparire qualsiasi differenza verticale.

Pablo Polipo Pop

Imagine the course of Pablo Echaurren as a gigantic roll of colored threads. A planisphere of creative experience in which the weaving invents always-different forms, autonomous knots, surfaces without banal sections. Deriving from this are over thirty years of work with solid concepts but sensorial, communicative, full of pathos, and sensuality.

... The formula of painting, though identifiable with respect to the painting, is extended by Pablo along multiple surfaces of expression. The transversal nature has led him to a decided

segue a p./continued on pg 114

Gianluca Marziani

ABITO IL COLORE, SUONO COL CORPO, INCIAMPO NELL'ANIMA. MALGRADO TUTTO.

I INHABIT COLOR, I MAKE MUSIC WITH THE BODY, I TRIP OVER THE SOUL. IN SPITE OF EVERYTHING.

PABLO ECHAURREN

MESCHAC GABA

ARTISTA / ARTIST
DY

... La figura di Meschac Gaba si è imposta all'attenzione della critica e del pubblico per una sola, unica e grande opera: un progetto ambizioso, frammentato e complesso, articolato nel tempo e concepito – attraverso diverse strategie espositive – per stadi successivi di intervento.

Se Marcel Broodthaers portava a conclusione nel 1975 il suo Musée d'Art Moderne, nel 1997 veniva inaugurata presso la Rijksakademie di Amsterdam la prima sezione (*Salle Esquisse* o *Draft Room*) del Museum of Contemporary African Art da parte di Meschac Gaba, nelle vesti di fantomatico direttore istituzionale e autore in via d'affermazione. Altre sezioni avrebbero poi fatto seguito, in tempi diversi e in numerosi musei e gallerie europee: *Museum Architecture*, *Game Room*, *Wedding Room*, *Museum Shop*, *Museum Restaurant*, *Summer Collection*, *Music Room*, *Museum Library*. Un museo processuale ed evolutivo che nell'arco di sei anni avrebbe costretto il suo autore a mutare continuamente ruolo e funzione, proponendo la figura dell'artista – di volta in volta – come imprenditore, collezionista, maestro di cerimonie, cuoco, fashion designer e musicista sopra una piattaforma nomade, uno spazio virtuale e reale allo stesso tempo, che variando locazione avrebbe cambiato funzione e identità o pur riproponendo invariata una stessa sezione, l'avrebbe presentata sempre alterata: mai – in sostanza – la stessa. Un museo senza pareti, intermittente e flessibile, in grado di migrare da un luogo ad un altro: tanto un modello utopistico quanto un progetto di critica radicale alla cultura occidentale...

... Meschac Gaba came to the attention of critics and the public due to a single, unique and great work: an ambitious, fragmented and complex project, broken down in time and conceived, in various exhibition styles, for successive working stages.

In 1975 Marcel Broodthaers finished his Musée d'Art Moderne and in 1997 the first section (*Salle Esquisse* or *Draft Room*) of the Museum of Contemporary African Art was inaugurated at the Rijksakademie of Amsterdam by Meschac Gaba, in his capacity as phantom director of the institution and artist in search of fame. Other sections would then follow, at different times and in numerous European museums and galleries: *Museum Architecture*, *Game Room*, *Wedding Room*, *Museum Shop*, *Museum Restaurant*, *Summer Collection*, *Music Room*, *Museum Library*. A procedural and developmental museum that, in the space of six years, would compel its creator to continuously change his role and position, advocating the figure of the artist variously as entrepreneur, collector, master of ceremonies, chef, fashion designer and musician on a traveling platform, a simultaneously virtual and real space that, at different locations, would change its function and identity or, though exhibiting the same unvaried section, would show it differently every time: never—essentially—the same.

A museum without walls, intermittent and flexible, able to migrate from one place to another. As much a utopian model as a project that radically criticizes Western culture . . .

Marco Scotini

MASSIMO GIACON
ARTISTA E DESIGNER / ARTIST AND DESIGNER
IT

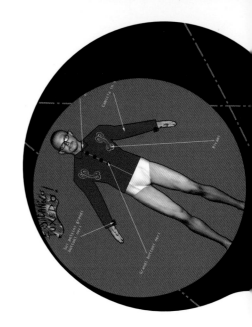

La mia teoria del dolore è semplice: o ridi o no. L'arte di Massimo Giacon non solo conosce le soddisfazioni erotiche del dolore, ma vuole usurpare alla religione la capacità di elevare il sacrificio e la tortura dall'eccitazione carnale verso la santità. Le mete che ispirano la sofferenza più proficua sono in fondo le stesse che motivano la creazione artistica: sfidare i valori stabiliti, minare le strutture del potere. Giacon si allontana dall'alleanza con l'Autorità esplorando la *trance* della sottomissione (e della dominazione) erotica. Come nel Medioevo la Chiesa faceva seguire alla sovversione carnevalesca la penitenza quaresimale, così in Giacon la rutilanza swatch si alterna alla trascendenza s/m. Le sue fantasie sessuali, ansiose e aggressive, minacciano continuamente di esplodere nella violenza e nella depressione. Le sue *live performance* vincono la tentazione della carità aggiungendo potenza al godimento, rispondendo al dolore facendo tutto il possibile per non evitarlo. Sono convinto che se non fosse un artista, Giacon sarebbe un serial-killer, ne ha la mitezza. Per fortuna ha scelto di fare la cosa reale e non la cosa vera.

My theory of pain is simple: either you laugh or you don't. Massimo Giacon's art not only knows the erotic gratification of pain, but desires to steal from religion the capacity to elevate sacrifice and torture from lewd titillation to sainthood. The goals that inspire the most profitable suffering are, deep down, the same ones that motivate artistic creation: challenging established values, undermining power structures. Giacon draws away from his alliance with Authority, exploring the *trance* of erotic passivity (and dominance). Just as in the Middle Ages, the Church made the penitence of Lent follow the subversiveness of Carnival, so in Giacon the Swatch glow alternates with s/m transcendence. His anxiety-ridden and aggressive sexual fantasies continuously threaten to explode into violence and depression. His *live performances* resist the temptation to be charitable, adding potency to pleasure, responding to the pain by doing anything he can not to avoid it. I am convinced that if he weren't an artist Giacon would be a serial killer. He has that mildness. Fortunately he chose to do the true thing and not the real thing.

046

Daniele Luttazzi

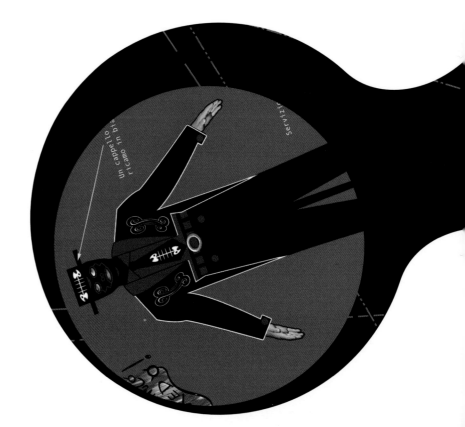

JOHANNA GRAWUNDER
ARCHITETTO E DESIGNER / ARCHITECT AND DESIGNER
USA

Johanna è una donna che rischia molto, che ha sempre rischiato molto, da quando ha lasciato casa, genitori, sorelle e l'opulenta, silenziosa, provinciale, americana città di San Diego per curiosare in Europa, in Italia, a Firenze: un'altra provincia, un'altra onda della storia, ma questa volta un'onda alta, molto alta, un'onda vasta, potente, sofisticata, un'onda aggressiva che ha inondato il pianeta intero. In quell'alta onda Johanna si è buttata a corpo morto. Forse cercava gli anelli mancanti a una percezione più vasta dello stato della contemporaneità: quella percezione – si sa – mai completata, mai raggiungibile che Johanna continua a inseguire con una ossessione che è la sua stessa identità, ossessione che l'ha portata poi a lavorare a Milano e l'ha fatta vagare sul pianeta, in Francia, in Germania, in India, in Cina, in Giappone, in Medio Oriente, guardando, domandando, memorizzando, partecipando e lentamente soggiacendo a visioni, lentamente riuscendo a vedere al di là dei fenomeni quello che ci può "essere dentro", nascosto "dentro" il muro oscuro degli eventi, dentro alla contemporaneità.

Johanna is a woman who risks a lot, who has always risked a lot. Since leaving her home, parents, sisters, and the opulent, silent, provincial American city of San Diego in order to explore curiously in Europe, in Italy, in Florence: another province, another wave of history. But this time the wave is high, very high. It is a vast, powerful, sophisticated wave; an aggressive wave that has inundated the entire planet. Johanna threw herself into that high wave head first. Perhaps she was looking for missing links of a vaster perception of the contemporary state; that perception—as we know never complete, never obtainable—Johanna continues to seek with an obsession that is her own identity. An obsession that brought her to work in Milan, and that made her wander the planet, in France, Germany, India, China, Japan, the Middle East, looking, questioning, memorizing, participating, and slowly being subjected to visions. Slowly being able to see beyond phenomena that can "be inside," hidden "inside" the dark wall of events, inside contemporaneity.

Ettore Sottsass

IL COLORE DELLA LUCE SOTTO LA MIA GONNA È VERDE
FLUORESCENTE: AZIONE CENTRIPETA; INTROSPETTIVA E
CONCENTRATA.

THE COLOR OF LIGHT UNDER MY SKIRT IS FLUORESCENT GREEN:
CENTRIPETAL ACTION; INTROSPECTIVE AND CONCENTRATED.

JOHANNA GRAWUNDER

ALESSANDRO GUERRIERO

NON ARCHITETTO / NON ARCHITECT

IT

Il primo abito.

E alla fine ascoltammo il serpente che abitava il nostro cuore: mela delle mie brame, che annulli la differenza che c'era tra me e Dio: coglierti, per essere ciò che non sono, per diventare, finalmente, anch'io, il tutto. Ma subito, persa la beatitudine della mia ignoranza, conobbi sino in fondo che già sapevo e il mio essere soltanto parte mi divenne intollerabile. Ecco quindi comparire una cintura di foglie a coprire la verità del mio limite, il mio essere soltanto uomo, il tuo essere soltanto donna. Ma ecco ancora lui, Dio, che mi cuce una tunica di pelli, prima di salutarmi per sempre e che così facendo annida nel mio cuore un'altra domanda. Quanti sono i modi per presentare me al mondo, per dire di me velando. Per mostrare sulla superficie finita del mio corpo il mio infinito desiderio di essere nel mondo, conoscendolo, beatificandomi in lui?

L'occhio che indaga cerca vie per nascondere e per scoprire. E su questa soglia introduce altri punti di vista: quasi infiniti, come il numero infinito degli uomini e delle donne che da noi conobbero il senso.

The first clothes.

And in the end we listened to the serpent in our breast: apple of my desires blotting out any difference there was between myself and God: picking you to become what I am not, to become, in the end, everything. But straightaway, after losing my blissful ignorance I found out what I had known before and my just being a part of it became intolerable. And so there appeared a fig leaf to conceal the truth of my limit, my being only a man, your being only a woman. But there was God again, sewing a leather tunic for me, before saying farewell forever and so another doubt insinuated itself in my bosom. How many ways are there to show me to the world, to tell of me in a veiled way. To show on the finished surface of my body my infinite desire to be a part of the world, exploring it, beatifying myself in it?

The enquiring eye seeks ways to hide and discover. And on this threshold introduces other points of view: almost infinite, like the infinite number of men and women who found out the meaning from us.

Giacomo Ghidelli

CORPO COME ARTE
ABITO COME FORME INEUSAURIBILI
COLORI INFINITI PER INFINITI ABITI

BODY AS ART
CLOTHES LIKE INEXHAUSTIBLE FORMS
INFINITE COLORS FOR INFINITE CLOTHES

ALESSANDRO GUERRIERO

HARIRI & HARIRI

ARCHITETTI / ARCHITECTS
USA

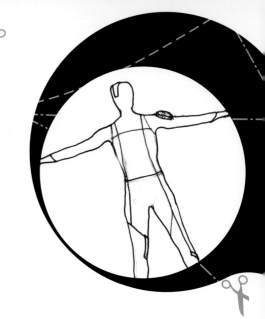

Il lavoro di Hariri & Hariri si impose sulla scena di New York nel 1987, con la pubblicazione di una sola scala a spirale fatta con una lastra d'acciaio ripiegata, e questa forma può ancora essere considerata l'essenza del loro approccio di base... Gisue e Mojgan Hariri sono uniche non solo perché sorelle di origine iraniana...ma anche perché sono state capaci di far carriera in una città impietosa, dove molti talenti locali trovano difficoltà per ragioni tanto arbitrarie quanto incomprensibili. Ciò che distingue le due Hariri è il loro evidente senso per lo spazio e la forma in senso lato, piuttosto che per la loro capacità di consolidare lo stile di un volume preesistente.

Il loro studio è stato più recentemente associato a progetti sensazionali, che tendono a negare l'esistenza di qualsiasi confine fra le differenti arti. Questi progetti riescono a non discriminare tra architettura, grafica ed esibizionismo mediatico. Fra questa superficialità teatrale e la potenza ontologica delle loro case di campagna, c'è una frattura che sembra essere semplicemente sintomatica della nostra schizofrenia sociale...

Hariri & Hariri's work broke onto the New York scene in 1987, with the airing of just one spiral staircase made of a furled sheet of steel, and this form might still be considered the essence of their basic approach . . . Gisue and Mojgan Hariri are unique not just because they are Iranian-born sisters . . . but also because they have been able to carve out a career in a callous city, where many home-grown talents find it hard for reasons that are as arbitrary as they are incomprehensible. What distinguishes the two Hariris is their evident sense of space and form in a broad sense, as well as their ability to consolidate the style of a pre-existing volume. Their studio was more recently associated with sensational projects, which tend to deny the existence of any boundary between different arts. These projects manage not to discriminate between architecture, graphics, and media exhibitionism. Between this theatrical superficiality and the ontological power of their country houses, there is a fracture that appears to be plainly symptomatic of our social schizophrenia . . .

 052

Kenneth Frampton

HARIRI&HARIRI OUTFIT HANDMADE BY AMBER AN-CHING HUANG IN NEW YORK, NY WITH THE ASSISTANCE OF RUBY CHAN.

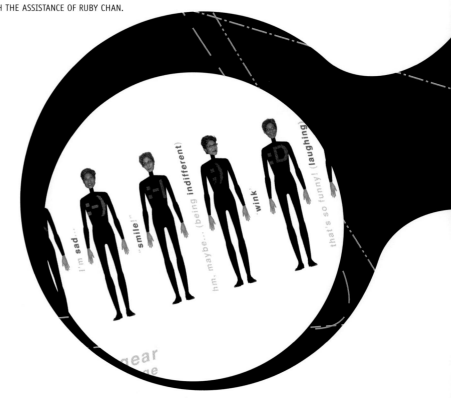

DIGITAL GEAR E LINGUAGGIO DEL CORPO

IL LINGUAGGIO DEL CORPO È UN'ESPRESSIONE DELLE NOSTRE ANIME. IN GENERE NOI CI VESTIAMO DI COLORI PER COMUNICARE ALL'ESTERNO CIÒ CHE È DENTRO DI NOI, SENZA L'AUSILIO DEL SUONO.
DIGITAL GEAR INCORPORA LA NUOVA TECNOLOGIA PER ESPRIMERE LE NOSTRE EMOZIONI NEL NUOVO LINGUAGGIO DELLA CULTURA GLOBALE.

DIGITAL GEAR AND BODY LANGUAGE

BODY LANGUAGE IS AN EXPRESSION OF OUR SOULS. WE GENERALLY DRESS OURSELVES IN COLORS IN ORDER TO COMMUNICATE WHAT IS ON THE INSIDE TO THE OUTSIDE WITHOUT THE USE OF SOUND.
DIGITAL GEAR INCORPORATES NEW TECHNOLOGY TO EXPRESS OUR EMOTIONS IN THE NEW LANGUAGE OF GLOBAL CULTURE.

HARIRI & HARIRI

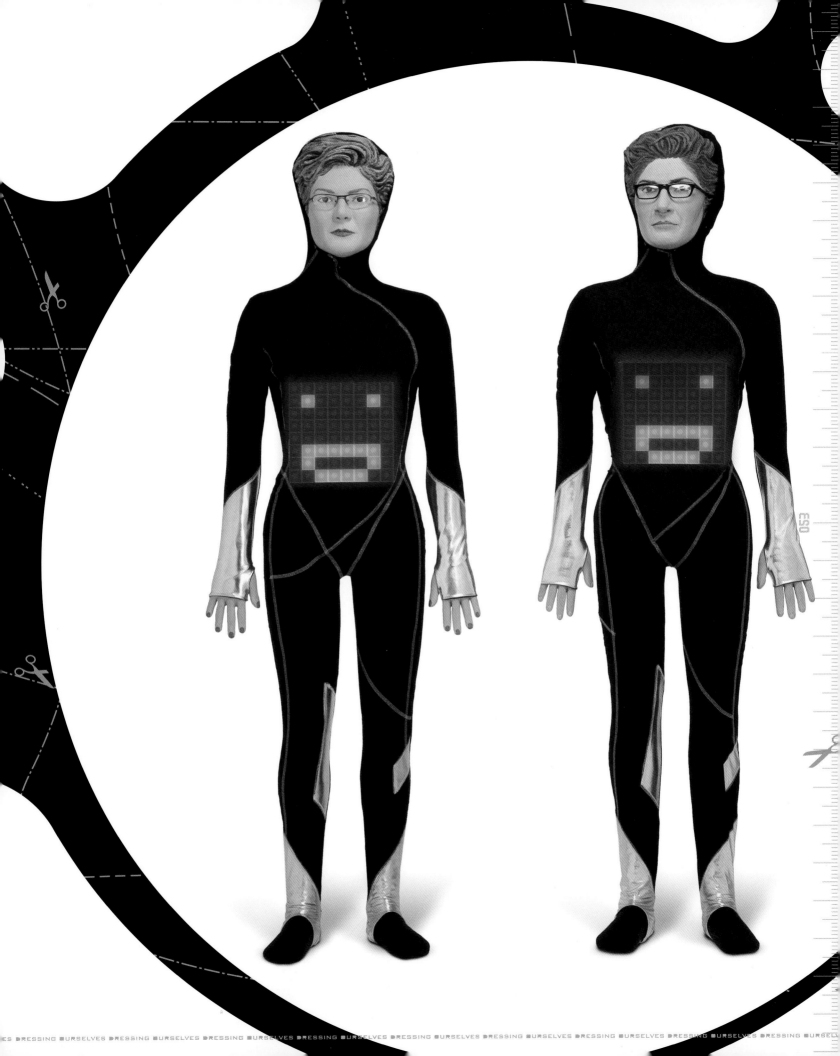

CHOI JEONG-HWA

ARTISTA / ARTIST
KOR

Quando penso a Choi, penso dapprima alle deliziose incongruenze della sua personalità, ai suoi gusti e infine alla sua arte. Non posso far altro che ammirare la timida innocenza di questo buon ragazzo coreano. Dalle interviste e dalle dichiarazioni che scrive, dovremmo sapere che egli ama le profonde, essenziali tradizioni spirituali coreane. Allo stesso tempo egli ama le immagini e gli oggetti fasulli, di moderno kitsch, della sua cultura – spesso stampate in stampe fuori registro e di scarsa qualità o impresse in lucente plastica da poco prezzo. In Occidente saremmo scettici e sospettosi della sua seria, sorridente sincerità e del suo incrollabile entusiasmo nell'abbracciare i segni culturali coreani, sia alti che bassi. Noi occidentali siamo diventati infetti, corrotti, abituati a essere sospettosi di qualsiasi cosa – anche del semplice ma importante piacere di sapere con chi ti trovi a tuo agio.

Quando penso a Choi, penso anche ai bar – tutti dicono che ha disegnato i migliori bar di Seoul. I bar sono luoghi dove la gente va per rilassarsi e stare con gli amici, per divertirsi ed essere un po' ridicoli, perfino sciocchi. Choi ama essere sciocco quanto ama essere serio. La Corea sta cambiando rapidamente ed egli guarda a ciò con attenzione e spirito critico. Forse è seriamente sciocco? Tuttavia è facile accostare la sua arte ed essa è ospitale come un buon bar che vi dà nuove esperienze e piaceri senza farvi mai sentire consapevole o a disagio. A differenza di tanta parte dell'arte contemporanea – che spesso esclude lo spettatore usando trucchi esoterici o teorie complicate – Choi usa materiali che sono immediatamente familiari in combinazioni che sono logiche e viste quotidianamente al di fuori del contesto artistico – anche se si tratta di un banchetto di cibo marcio o di pile di merci di plastica provenienti dai mercati di strada.

Sì, penso che è per questo che la sua arte è così importante in questo momento: egli spalanca i suoi occhi per vedere uno spettacolo vasto, colorito, eclettico e avvolgente, dalle strade affollate e frettolose di Seoul alla scena elitaria dell'arte internazionale. La qualità del suo post-modernismo ha una prospettiva più ampia di quella della maggior parte degli artisti; egli può abilmente creare arte per spazi tradizionali usando con sentimento e sensibilità la storia culturale, ricca e complicata, della Corea e anche affrontare gli stili, le forme, i materiali più aggiornati e maneggiare l'energia pulsante e giovanile della gelida modernità.

Il modo in cui Choi equilibra la tradizione e la novità culturale mi fa pensare ad Andy Warhol, che ebbe un senso innato dei semplici valori americani (per esempio i frigoriferi, la zuppa, i fiori) ma anche il gusto per il clamore e lo scintillio della celebrità e per la velocità della cultura mediatica (idoli del cinema, star del rock, riviste specializzate). In un'intervista Choi ricorda che quando era studente all'Università Hongjik subì l'influenza dello stile internazionale del minimalismo, praticato dagli insegnanti, e anche dell'immaginario Minjung, più localistico, populista e politico, degli studenti più anziani. Anni dopo, avendo appreso dai minimalisti il senso di un ordine discreto e avendo assorbito la lezione degli artisti Minjung di arte vicina al popolo, Choi ha tracciato il suo territorio, affrontando problemi di identità coreana in questi tempi di ricchi e rapidi cambiamenti. Sebbene il suo vocabolario e il suo approccio siano unici, nel suo tentativo di affrontare la tensione fra il passato e il futuro, ha dei compagni in altri paesi asiatici come Nindityo Adipurnomo, Mark Justiniani, Murakami, Takeshi, Yanagi, Yukinori, ciascuno dei quali mescola la cultura popolare contemporanea con le questioni relative all'identità locale e alla modernizzazione. Mentre Choi medita sui profondi problemi della cultura coreana contemporanea e antica, porta freschezza all'arte contemporanea rivolgendosi alla cultura coreana locale e alla cultura consumistica internazionale, creando metafore mediante merci materiali.

When I think of Choi, I think first of the delicious incongruities of his personality, his tastes and finally, his art. I can only admire the shy innocence of this good Korean boy. From the interviews and things he writes, we should know that he loves the deep, essential Korean spiritual traditions. At the same time he loves the fake images and objects of modern kitsch, of his culture—often printed in poor quality off register prints or on cheap shiny plastic. In the West we are skeptical and suspicious of his serious, smiling sincerity and his unshakeable enthusiasm in embracing both high and low Korean cultural signs.

We Westerners have become infected, corrupted, used to being suspicious of anything and everything—even the simple but important pleasure of knowing

segue a p./continued on pg 115

Dana Friis-Hansen

A type B

BARDI JOHANNSSON

MUSICISTA / MUSICIAN

IS

Bang Gang, la storia di Bardi

Sogno l'Islanda, un'isola lontana, dove le menti sono elevate per essersi aperte troppo e le ragazze dai seni pesanti, gli occhi annacquati dall'alcool, si lasciano andare in piscine di acqua ribollente. Vedo le loro braccia distese come su una croce o abbarbicate ai bordi, vedo i loro seni riconoscenti. Sento anche voci, cori lirici, richiami. E poi appare Bardi, Bardi, il cantante dei Bang Gang: i suoi occhi infossati, la sua figura fluttuante. Occhiali da intellettuale su un aspetto straniero. C'è tutto: un uomo schiavo del lavoro e un pazzo cortocircuitato. Un UFO simile a un uccello, venuto direttamente dalla buona vecchia musica pop e dal metal funereo per arrivare a ciò: il cielo semplicemente orgasmico di questo disco svettante, fra i Beach Boys e la musica da film: esseri sublimi convenuti in vista dell'orgia del secolo ma troppo tormentati nel loro cuore. Ci sono anche gli Intermediari, che si tolgono gli occhiali scuri per guardare il sole che inghiotte le nuvole come gioia liquida. È pura luce. La voce di Bardi è ossessiva: nella sua bellezza talvolta è tristezza che ci stupisce, la tristezza insopportabile delle sue canzoni lente, di queste discese al rallentatore. Nel lontano spettacolo televisivo di cui Bardi fu il co-conduttore, fingeva di aver dormito a lungo quando famosi autori islandesi si ascoltavano parlare troppo a lungo. Mostrava il gocciolio della sua saliva. Gli spettatori si lamentavano. Tristezza e gioia. Solo l'un per cento della popolazione islandese comprò il suo primo disco per ascoltare questa voce in cui i due sentimenti si corrispondono con precisione. Ma egli continuò ad andare oltre, dalle interviste alle stravaganze radiofoniche. Non vuole parlare di Björk. Non vuole diventare una star. Solo perseguire i suoi tuffi sonori, la sua apnea all'aria aperta. Solo saltare in piscina con due bottiglie di champagne. Con gli occhiali da sole.

Bang Gang, the Story of Bardi

I dream of Iceland, a faraway island, where minds are on a higher plane due to being too open and there are girls with heavy breasts, their eyes drowning in alcohol, behave wantonly in pools of bubbling water. I see their arms held out as though they were crucified or else clinging to the edges, I see their grateful breasts. I hear voices, too, operatic choruses, beckoning. And then Bardi appears, Bardi, the singer of Bang Gang, his sunken eyes, his floating figure. Bookish spectacles on an exotic face. There is everything there: a man who is a slave to his work and a madman gone haywire. A UFO like a bird, who came straight from good old pop music and gloomy metal to end up here. The sky is simply orgasmic with this outstanding record somewhere between the Beach Boys and film music. Sublime beings gathered for the orgy of the century though their hearts are too tormented. There are the Intermediaries, too. They take off their dark glasses to look at the sun that swallows up the clouds like liquid joy. It is pure light. Bardi's voice is obsessive: in its beauty it is sometimes the sadness that astonishes us, the unbearable sadness of his slow songs, those slow motion descents. In the long ago television show Bardi co-presented, he pretended to have been asleep for a long time when famous Icelandic authors listened to each other talk for too long. He let us see the dribble of his saliva. The audience complained. Sadness and joy. Only one percent of the Icelandic population bought his first record to listen to this voice in which the two sentiments are so alike. But he continued to go beyond, from interviews to radio eccentricity. He does not want to talk about Bjork. Neither does he want to become a star. He only wants to pursue his sound dives, his apnoea in open air. He only wants to jump into the pool with two bottles of champagne. Wearing his sunglasses.

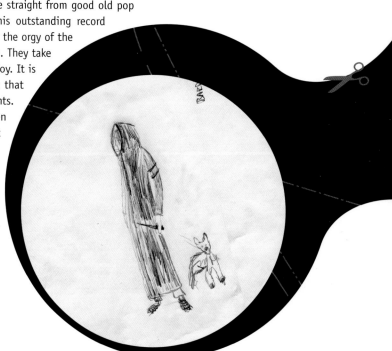

Charles Pépin

VESTITO DI NERO, ASCOLTO I SUONI DEL MIO CORPO
MENTRE GUARDO LA MIA ANIMA.

DRESSED UP IN BLACK, I LISTEN TO THE SOUNDS OF MY
BODY WHILE I WATCH MY SOUL.

BARDI JOHANNSSON

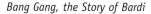

TOSHIYUKI KITA

DESIGNER

JP

058 Kita, con le sue poltrone, le sue televisioni e tanti oggetti, è il profeta di tutta quanta la moda che oggi arriva ovunque dal Giappone: pupazzi ironici, colori gentili, decorazioni agresti, materiali raffinati. Un designer straordinario: ipersensibile tecnologo, ecologo, poeta che, in quanto viaggiatore instancabile, impollina i luoghi con la sua magia e gentilezza.

Kita, with his armchairs, his televisions and huge quantity of objects, is the prophet of all the fashion that now reaches the rest of the world from Japan: tongue-in-cheek puppets, delicate colors, rustic ornaments, tasteful materials. An extraordinary designer, hypersensitive technologist, ecologist, poet, who, as a tireless traveler, pollinates places with his magic and kindness.

Alessandro Mendini

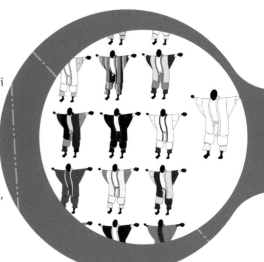

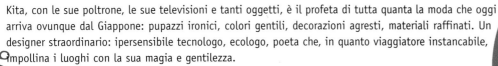

GIANLUCA LERICI ALIAS PROF. BAD TRIP

ARTISTA / ARTIST

IT

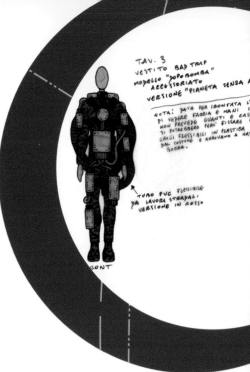

All'anagrafe Gianluca Lerici (La Spezia 1963), ma chi se lo ricorda mai. Lui è un'autorità in viaggi andati storti, il Professor Bad Trip per antonomasia. Nato e cresciuto ed emerso dalla foresta vergine dell'underground, ha per ispirazione inesausta la psichedelia. Così il suo inconfondibile stile "rugoso", selvaggiamente bidimensionale, *optical*, come sbucato dal "mondo del sogno" degli aborigeni australiani, ha caratterizzato pagine e pagine, copertine su copertine, anni dopo anni di stampa alternativa non solo italiana. Un percorso panoramico? Dalla xilografia (tratto nero forte) alla serigrafia (tinte piatte a contrasto), dai graffiti (segni labirintici) alla grafica (rigorosa messa a pagina), dalla scultura (diploma alle Belle Arti di Carrara) alla pittura (la libertà della ricerca). Ora c'è chi lo associa subito al cut-up di William Burroughs e chi lo identifica con il cannibalismo di Niccolò Ammaniti. Sempre vince l'allucinazione visiva, l'energia della psiche espansa, il gioioso terrore della visione di un qualche aldilà. Brividi, nausee, frenesie, urla.

On his birth certificate it says Gianluca Lerici (La Spezia, 1963), but who remembers that? He is an authority on trips that went bad. Professor Bad Trip *par excellence*. He was born and raised in and emerged from the virgin forest of the underground and is endlessly inspired by psychedelia. His unmistakable, "coarse," savagely two-dimensional, *optical* style, as though he had popped out of the "dreaming" of Australian Aboriginals, has characterized pages and pages, covers upon covers, years upon years of not just Italian alternative press. The scenic route? From wood cuts (strong black scoring) to screen printing (clashing dull colors), from graffiti (labyrinthine signs) to graphics (painstaking layouts), from sculpture (diploma at the Fine Arts Academy of Cararra) to painting (free experimentation). Nowadays there are those who immediately associate him with William Burroughs' cut-up and those who identify him with Niccolò Ammaniti's cannibalism. Visual hallucination, the energy of the blown mind, the joyous terror of the visions of some kind of afterlife always wins. Thrills, nausea, frenzy, screams.

060

Ferruccio Geromini

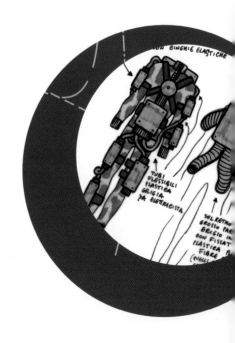

1. IL CORPO BALLA LA DANZA DELLA GUERRA SEGUENDO UNA DISPERATA MUSICA COLORATA.
2. CORPO PROTETTO, ANIMA ASSENTE, ABITO MILITARE, COLORE MIMETICO, SUONO DI STIVALI CHE MARCIANO SULLA TERRA SECCA.
3. ORRORE NERO: MENTRE AMMAZZO IL TEMPO CHE MI SEPARA DALLA MORTE RIDENDO COLORO IL SUONO, BEATO SUONO IL COLORE!

1. THE BODY DOES THE WAR DANCE TO A FRANTIC COLORFUL MUSIC.
2. PROTECTED BODY, ABSENT SOUL, MILITARY DRESS, CAMOUFLAGE COLORS, SOUND OF BOOTS MARCHING ON DRY EARTH.
3. BLACK HORROR: WHILE I KILL THE TIME THAT SEPARATES ME FROM DEATH LAUGHING I COLOR THE SOUND, HAPPILY SOUNDING COLOR!

GIANLUCA LERICI

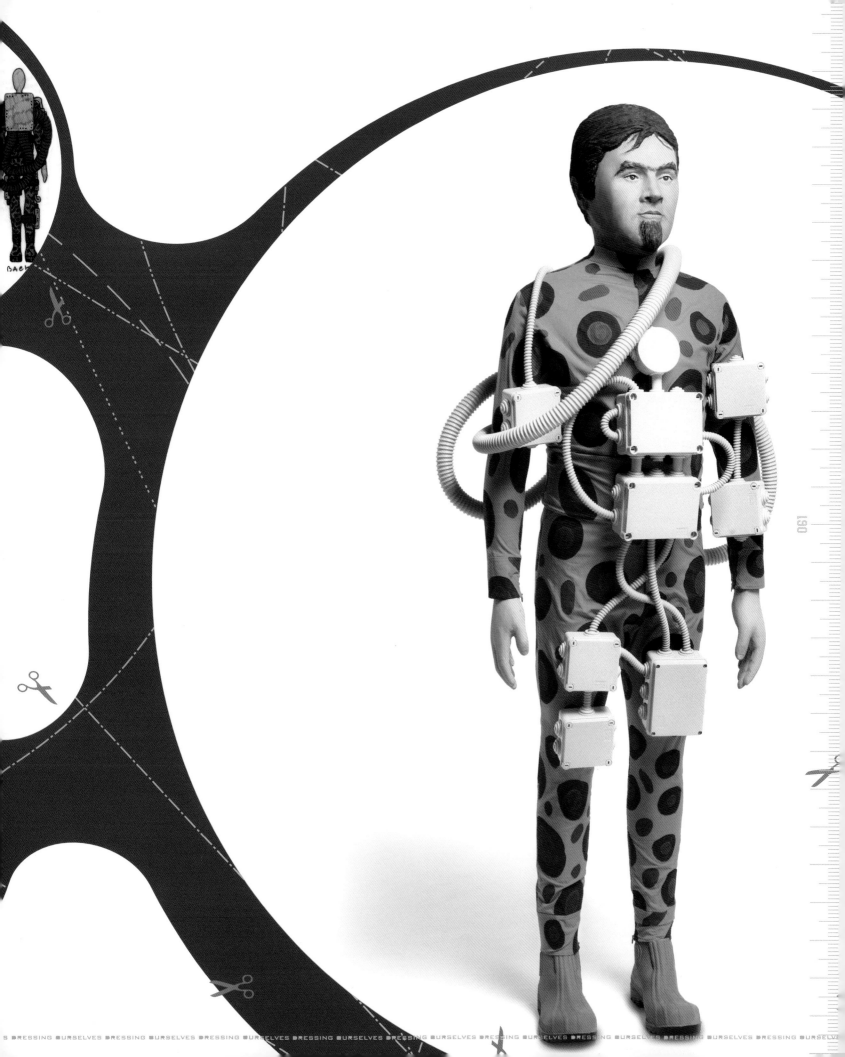

ALESSANDRO MENDINI

ARCHITETTO E DESIGNER / ARCHITECT AND DESIGNER
IT

... Mendini ha il talento di saper stare al disopra delle cose, distante dagli umori e dagli amori e, nel contempo, di riuscire ad assorbire tutto immedesimandosi negli altri come un camaleonte, rubando, come un cleptomane, dal passato e dal presente. La sua mente è un prisma a angoli acuti; il suo pensiero è nitido e tagliente e va sempre dritto, come una freccia, al bersaglio. È l'unica persona totalmente moderna che io conosca. Moderna perché sa fare un uso assolutamente contemporaneo delle eredità del passato: perché se ne serve con cinismo e con devozione per alimentare il suo progetto...

... Mendini has the talent to rise above things, far from moods and enthusiasms, at the same time, succeeding in soaking everything up, melting into other people like a chameleon, stealing like a kleptomaniac from the past and the present. His mind is an acute-angled prism; his thinking is clear and sharp and always hits the mark, just like an arrow. He is the only totally modern person I know. Modern because he is able to make an absolutely contemporary use of the legacy of the past and because he uses it cynically and lovingly to stoke his project...

Cristina Morozzi

IO NON AMO O PREFERISCO UN SOLO COLORE, PERCHÉ CIÒ PORTEREBBE AL LIMITE DI VEDERE IL MONDO TUTTO ROSA, O TUTTO GIALLO, O TUTTO VERDE... SAREBBE UN PANORAMA TERRIFICANTE...
IO AMO UN COLORE SEMPRE IN RELAZIONE A UN ALTRO, E IN LINEA GENERALE MI PIACE IL MONDO NATURALE E ARTIFICIALE COSÌ COME SI PRESENTA NELLA SUA POLICROMIA.
MA SE DEVO INDICARE UN COLORE, POTREI DIRE IL ROSA. ESISTE POCO IN NATURA, MA QUANDO C'È ESPRIME COSE E SENTIMENTI DELICATI: IL TRAMONTO, UN FIORE, LA PELLE DI ALCUNE DONNE...
ED È MOLTO AFFASCINANTE ANCHE COME COLORE ARTIFICIALE, SINTETICO (VEDI PANTERA ROSA).

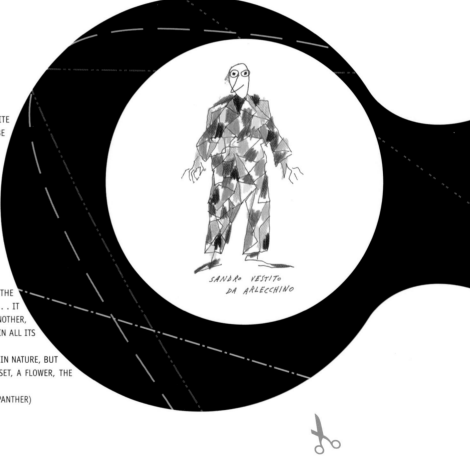

SANDRO VESTITO DA ARLECCHINO

I DO NOT LOVE OR FAVOR ONE COLOR ONLY, BECAUSE THAT WOULD LEAD ME TO THE BRINK OF SEEING THE WORLD AS ALL PINK, OR ALL YELLOW, OR ALL GREEN . . . IT WOULD BE A TERRIFYING SIGHT . . . I LOVE A COLOR ONLY IN RELATION TO ANOTHER, AND IN GENERAL I LIKE THE NATURAL AND ARTIFICIAL WORLD JUST AS IT IS IN ALL ITS POLYCHROMY.
BUT IF I HAVE TO NAME A COLOR, I MIGHT SAY PINK. THERE ISN'T MUCH PINK IN NATURE, BUT WHEN THERE IS IT EXPRESSES DELICATE THINGS AND SENTIMENTS: THE SUNSET, A FLOWER, THE SKIN OF A FEW WOMEN . . .
AND IT IS VERY ATTRACTIVE AS AN ARTIFICIAL, SYNTHETIC COLOR (SEE PINK PANTHER)

ALESSANDRO MENDINI

MIMMO PALADINO

ARTISTA / ARTIST

IT

... Per tutti gli anni Novanta Paladino, con un incalzante vigore propositivo e senza flettere l'opera alla valenza narrativa, porta invece il proprio repertorio formale e segnico a qualificarsi quale linguaggio autonomo, distinguendo nettamente la propria esperienza da quella dei tedeschi Lupertz, Kiefer e Immendorf, ma anche dagli statunitensi Salle e Schnabel. Sempre più, nel corso degli anni Novanta, appare evidente che i lavori nascono da tensioni ed esigenze poetiche e che la loro formulazione secondo cicli omogenei serve a dinamizzare i diversi momenti concezionali secondo un principio di opposizione e superamento. Egli è interessato a idee di stimolo piuttosto che alla celebrazione della storia. Nel lavoro si rivelano più importanti i rapporti con ciò che esso contiene e suscita anziché i rapporti con ciò che lo circonda architettonicamente...

... Throughout the entire nineties, with relentless inventive energy and without bending his work to narrative, Paladino brings his repertoire of forms and signs to qualify as individual expression, making his own experience clearly distinct from that of the Germans Lupertz, Kiefer and Immendorf but also from the Americans Salle and Schnabel. During the nineties, it becomes increasingly evident that his works are generated by poetic tensions and demands and that the making of them in undeviating cycles serves to galvanize the various stages of conception according to a principle of opposition and obsolescence. He is interested in the idea of stimulation rather than in celebrating history. In his work the relationships with what the work contains and arouses are more important than the relationships with what surrounds it architecturally...

Bruno Corà

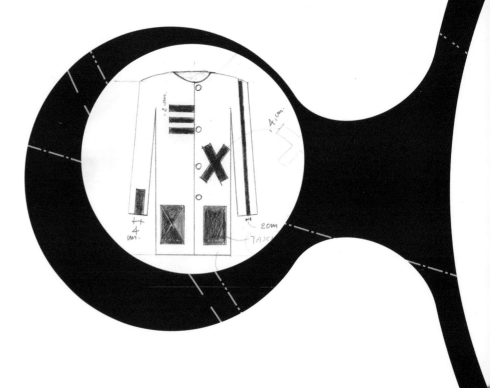

SI RINGRAZIA/WE WOULD LIKE TO THANK SARTORIA BALDONI (ANCONA)

PENEZIĆ & ROGINA

ARCHITETTI / ARCHITECTS

HR

Ho diviso il lavoro di Penezić & Rogina in quattro *Realtà*, ciascuna delle quali rappresenta più o meno un sistema di valori. Questo evita un semplice approccio cronologico che descriva un edificio dopo l'altro e tenta invece di collocare la discussione sul loro lavoro nel contesto dei valori socio-culturali e sto-rici. Anche le *Realtà* non sono semplicemente cronologiche e non si escludono a vicenda né sono fini a se stesse, ma si sovrappongono e si intersecano nel tempo e nello spazio.

Il punto chiave su queste *Realtà* è che noi viviamo in un mondo di *Realtà* multiple e uno dei problemi che dobbiamo risolvere è come trattare con questa molteplicità nella nostra vita personale e in quella professionale. Una soluzione è vivere in una *Realtà* e pertanto secondo un solo gruppo di valori. Ma la semplicità e la coerenza di questo approccio va a scapito della complessità e del pluralismo che possono rendere la vita difficile da comprendere – e contraddittoria – ma infinitamente ricca. Quello che mi affascina del lavoro di Penezić & Rogina è che loro hanno trovato un accordo con differenti *Realtà* e che sono riusciti non solo a farle coesistere architettonica-mente ma anche a farle fiorire. L'architettura di Penezić & Rogina mi convince che esiste la possibilità di andare d'accordo con le *Realtà* in cui viviamo.

I have divided Penezić & Rogina's work into four "Realities," with each representing something like a value system. This avoids a simply chronological approach that describes one building after another, and instead attempts to place a discussion of their work in the context of socio-cultural and historical values. The Realities are themselves not simply chronological and they are certainly not exclusive and self-contained, but over-lap and interrelate in time and in space.

The key point about the Realities is that we live in a world of multiple Realities, and one of the pro-blems we have to cope with is how we deal with this kind of multiplicity both in our personal and professional lives. A way out is to live by one Reality and thus a singular set of values. But the simplicity and consistency of this approach is at the expense of the complexity and pluralism that can make life both difficult to com-prehend—and contradictory—but infinitely rich. What fascinates me about Penezić & Rogina's practice is that they have come to terms with different Realities, and they have found a way of making them not only co-exi-st architecturally, but flourish. Penezić & Rogina's architecture convinces me of a sense of possibilities in kee-ping with the Realities in which we live.

Nigel Whitely

CONSULENTE/CONSULTANT - TONČI VLADISAVIĆ, COLLABORATORE/COLLABORATOR - ŽELJKO PRPIĆ

DIG-IT-ALL RE: WALLUNTION SUIT IS
BOCOLORSOUNDRESSOULDY

PENEZIĆ & ROGINA

GAETANO PESCE

ARCHITETTO E DESIGNER / ARCHITECT
AND DESIGNER

IT

C'è una stella lassù nel cielo del design internazionale. Ha nome Gaetano Pesce. La vediamo dall'Italia, quelli di noi che hanno comprato la caffettiera *Vesuvio* o i vasi in resina della *Fish design* adesso prodotti in Italia; la vedono dalla Francia dove, in quel di Marsiglia, Pesce ci mise tre mesi a tentare uno a uno una serie di vasi in vetro che non hanno l'eguale per arditezza tecnica; la vedono da New York, nei cui migliori negozi di design mettono in vetrina a sfolgorare tutta la notte l'ultima lampada di Pesce, quella *Alda's Lamp* fatta in memoria della madre; l'avrebbero vista da Mosca se qualcuno avesse avuto il coraggio di mettere in produzione i pochi mobili di cui era fatta una "camera tipo" da hotel moscovita, una camera che ci lasciò di stucco al Salone del Mobile di due anni fa. E del resto è proprio delle stelle, d'esser viste da tutto il mondo.

There is a star in the international design firmament. Its name is Gaetano Pesce. We see it from Italy, those of us who bought the *Vesuvio* coffee pot or the *Fish Design* resin vases now manufactured in Italy. They see it from France where, in Marseilles, Pesce took three months to make, one by one, a series of glass vases that are unequalled in terms of technical boldness. They see it from New York where the best design shops display the latest Pesce lamp made in memory of his mother—*Alda's Lamp*—in their windows, where they glow all night long. They would have seen it from Moscow if someone had had the courage to produce the few pieces of furniture that went to make up a "standard" Moscow hotel room, a room that stunned us at the Salone del Mobile two years ago. And anyway, it is a characteristic of stars that they can be seen the whole world over.

Giampiero Mughini

RICORDO LA NONNA ANIMA
VESTITA DAL SUO CORPO POLICROMO
E IL SUONO DELLA SUA FELICITÀ.

I RECALL THE GRANDMOTHER SOUL
CLOTHED IN THE MULTICOLORED BODY
AND THE SOUND OF ITS HAPPINESS.

GAETANO PESCE

ETTORE SOTTSASS
ARCHITETTO E DESIGNER / ARCHITECT AND DESIGNER
IT

...La felicità apparente dei segni di Ettore deriva dall'intrinseca drammaticità di tutto il suo lavoro: il sorriso del gioco coincide con la coscienza della solitudine dell'uomo e con l'impegno a offrirgli strumenti e fiori per la sua esistenza solitaria. Così in Italia negli anni a cavallo tra il boom economico e l'inizio degli anni Sessanta il design prende la strada di una pericolosa involuzione, collaborando a un modello politico (economia programmata) e culturale (arte programmata) da terza via, senza prospettive reali e a sviluppo bloccato. In questo contesto moralistico e provinciale, Ettore assume un atteggiamento del tutto autonomo e originale, che nel tempo acquisterà un grande peso, portandolo a diventare un punto di riferimento per ipotesi culturali diverse che matureranno più tardi, grazie anche al contributo di una nuova generazione di progettisti. A differenza degli architetti italiani suoi coetanei, egli segue una strada formativa diversa, e punta subito a una vasta dimensione internazionale. Nel 1961 compie due lunghissimi viaggi che spostano completamente il DNA della sua struttura culturale. Il primo viaggio-madre avviene in India (India, Ceylon, Nepal, Birmania). Non si tratta del solito viaggio nell'architettura; ciò che deriva a Ettore non è un patrimonio linguistico o formale, ma la base di un atteggiamento esistenziale che lo accompagnerà sempre. Questo atteggiamento, che apprende nel grande ventre caldo e drammatico dell'India, consiste in una sorta di accettazione globale del cosmo, delle sue leggi, delle sue tragedie e della storia. Una accettazione non acritica, non indifferente, ma basata sullo spostamento dei sistemi critici e selettivi, tipici della nostra cultura cattolica e razionalista, verso un piano di coscienza planetaria, di visione simultanea del bene e del male, della vita e della morte. Tutto questo è tipico della cultura orientale e dell'India: essa produce una tragica calma esteriore e interiore, e una energia eroica che non ha più paura di niente...

. . . The apparent felicity of Ettore's signs derives from the intrinsic drama of the whole of his work; the playful smile converges with the consciousness of man's solitude and with the pledge to give him instruments and flowers for his solitary existence. So, in Italy, in the years straddling the economic boom and the early sixties, design begins to dangerously regress, in league with a political (programed economy) and cultural model (programed art) of the third way, without any real prospects or scope for growth. In this moralistic and provincial context, Ettore adopts a totally independent and original attitude, which in time will become of some consequence, making him a point of reference for various cultural theories that will be launched later, thanks also to the input of a new generation of designers. Unlike the Italian artists who were his contemporaries, he came from a different background and immediately set his sights on a wider international dimension. In 1961 he took two extremely long trips that would change his cultural outlook. The first mother-journey took place in India (India, Ceylon, Nepal, Burma). This was not one of those usual sightseeing trips; what Ettore derives from this is no formal or expressive legacy, but the foundation of an existential attitude that will stay with him forever. This attitude, which he learns in the large, warm, and dramatic belly of India, consists in a kind of global acceptance of the cosmos, its laws, its tragedies and its history. An acceptance that is neither dogmatic nor indifferent, but based on the shifting of critical and discriminating patterns, typical of our Catholic and rationalist culture, towards a level of planetary awareness, a simultaneous vision of good and evil, life and death. All this is typical of eastern and Indian culture: it produces a tragic exterior and inner calm, and a heroic energy that fears nothing . . .

Andrea Branzi

CORPO: IL CORPO È INDISPENSABILE.
SENZA IL CORPO L'ANIMA.
ANIMA: L'ANIMA DOV'È? (FORSE È NEL COMPUTER,
COME MI DICONO, MA NON LA VEDO).
ABITO: L'ABITO È IL DISEGNO DI QUELLO
CHE PENSIAMO DI ESSERE O DI QUELLO
CHE VOGLIAMO SEMBRARE.
SUONO: IL SUONO VA DAL GEMITO DELL'ORGASMO FINO
AL RECITATIVO DEL RAP, PASSANDO PER IL FRASTUONO
DEL TRAFFICO E POI PER L'ORGANO DI BACH.
MOLTO COMPLICATO.
COLORE: ANCHE IL COLORE COMPLICA TUTTO. SE POTESSI
VEDERE TUTTO IN BIANCO E NERO COME QUANDO FOTOGRAFO
CON LA LEICA, SAREI MOLTO PIÙ CALMO. I COLORI SONO
COME LE PAROLE. CON I COLORI SI SCRIVONO STORIE.
ANCHE I PAESAGGI SONO STORIE. ANCHE L'UNIVERSO
È UNA STORIA.
DOMANDARMI DI PARLARE DEL COLORE È COME
DOMANDARMI DI PARLARE DELLA PAROLA.
COME SI FA A RISPONDERE?

BODY: THE BODY IS INDISPENSABLE. WITHOUT THE BODY
THE SOUL.
SOUL: WHERE IS THE SOUL? (PERHAPS IT IS IN THE
COMPUTER, AS THEY TELL ME, BUT I CAN'T SEE IT.)
CLOTHING: CLOTHING IS THE SKETCH OF WHAT WE THINK
WE ARE OR WHAT WE WANT TO APPEAR.
SOUND: SOUND RANGES FROM THE MOAN OF ORGASM TO
THE RECITATIVE SOUND OF RAP, VIA THE DIN OF TRAFFIC
AND BACH'S ORGAN. VERY COMPLICATED.
COLOR: COLOR, TOO, COMPLICATES EVERYTHING.
IF I COULD SEE EVERYTHING IN BLACK AND WHITE
AS I DO WHEN I TAKE PHOTOGRAPHS WITH MY LEICA,
I WOULD BE MUCH CALMER. COLORS ARE LIKE WORDS.
WITH COLORS YOU WRITE STORIES. LANDSCAPES ARE
STORIES, TOO. THE UNIVERSE, TOO, IS A STORY.
ASKING ME TO TALK ABOUT COLOR IS LIKE ASKING ME
TO TALK ABOUT THE WORD.
HOW ON EARTH CAN ONE ANSWER?

ETTORE SOTTSASS

JIMI TENOR
MUSICISTA / MUSICIAN
USA

Jimi Tenor, musicista e compositore, non ha mai accettato il ruolo tradizionale dell'artista pop e il suo lavoro va al di là delle tendenze attuali, poiché combina, nel più originale dei modi, i migliori elementi della musica afro-americana, ingenuità spontanea e *glamour* spudorato.

Nato a Lahti, in Finlandia, nel 1965 (il suo vero nome è Lassi Lehto), si è dedicato – oltre che alla musica – alla fotografia, ha diretto cortometraggi e ha disegnato abiti e strumenti musicali, questi ultimi apprezzati per la bellezza del design e le innovazioni tecnologiche. La sua musica deriva dal rock sperimentale e il suo primo gruppo, Jimi Tenor & His Shamans (1986-1992), fu influenzato dal rock industriale dei primi anni Ottanta. In seguito Tenor si avvicinò alla musica elettronica per poi tornare alle origini, cioè il jazz, il soul psichedelico e il funk africano.

Nonostante abbia vissuto a Berlino, New York, Londra e Barcellona, il suo approccio artistico è tipicamente finnico, cioè pratico dal punto di vista tecnico, ma saturo di umorismo nero e di romanticismo.

Tenor ha avuto rapporti difficili con l'industria musicale, ma ora è un artista europeo affermato, che ha un vasto pubblico composto da frequentatori di club, appassionati di rock alternativo e ribelli del jazz e del funk.

Jimi Tenor, musician and composer, has never welcomed the traditional role of pop artist. His work moves beyond current trends as it combines, in the most original of ways, the best elements of Afro-American music, spontaneous naivety and downright *glamour*.

Born in Lahti, Finland, in 1965 (his real name is Lassi Lehto), he has turned his hand to photography as well as to music, directed shorts and designed clothes and musical instruments, the latter praised for their beautiful design and technological innovations. His music derives from experimental rock and his first group, Jimi Tenor & His Shamans (1986–1992), was influenced by the industrial rock of the early eighties. Afterwards, Tenor became interested in electronic music only to eventually return to his roots, that is jazz, psychedelic soul, and African funk.

Although he has lived in Berlin, New York, London, and Barcelona, his artistic approach is typically Finnish, that is, practical from the technical point of view but full of black humor and romanticism.

Tenor has had a difficult relationship with the music industry, but he is now a well-established European artist who has a huge following made up of clubbers, fans of alternative rock, and jazz and funk rebels.

Ilkka Mattila

QUESTO ABITO SI ESIBIRÀ TALMENTE BENE SUL PALCO CHE QUASI NON CI SAREBBE BISOGNO DELLA MIA PRESENZA. IL MIO CORPO È NECESSARIO SOLO PER MUOVERE IL COMPLETO QUA E LÀ.

THIS DRESS WILL PERFORM SO WELL ON STAGE THAT I ALMOST DON'T NEED TO GO THERE MYSELF. MY BODY IS ONLY NEEDED TO MOVE THE OUTFIT AROUND.

JIMI TENOR

outfit from behind

skirt from left side

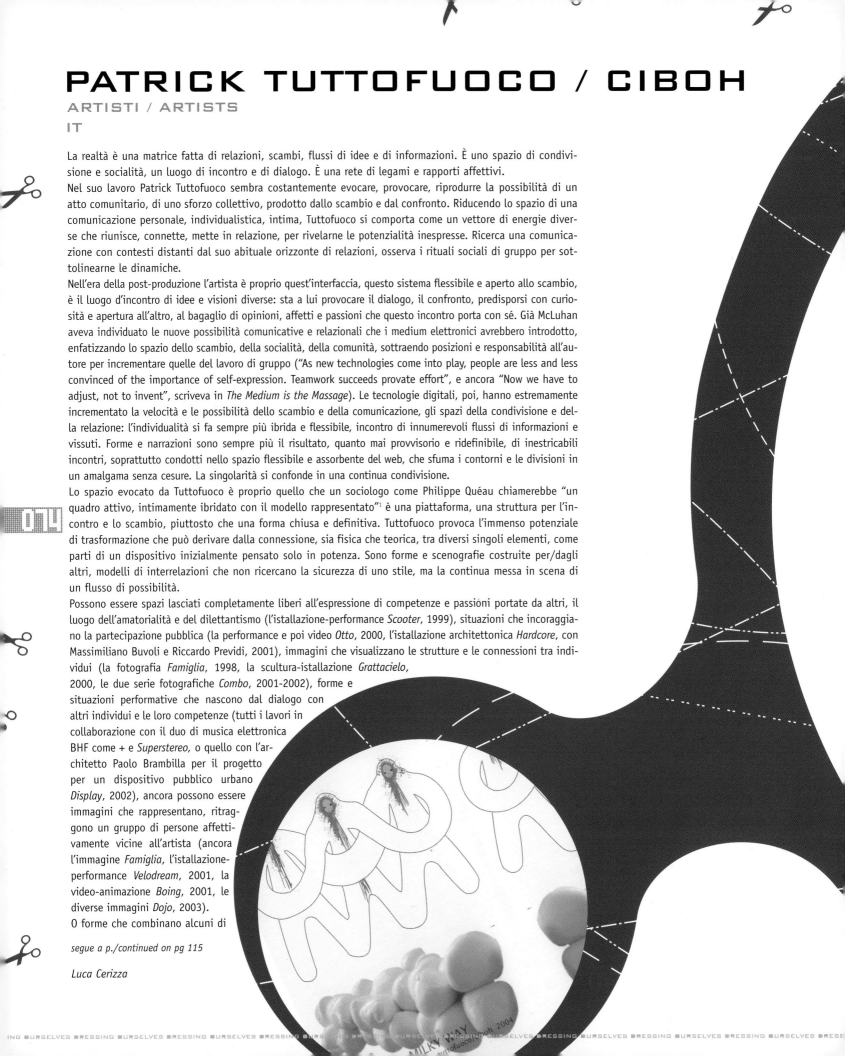

PATRICK TUTTOFUOCO / CIBOH

ARTISTI / ARTISTS

IT

La realtà è una matrice fatta di relazioni, scambi, flussi di idee e di informazioni. È uno spazio di condivisione e socialità, un luogo di incontro e di dialogo. È una rete di legami e rapporti affettivi.

Nel suo lavoro Patrick Tuttofuoco sembra costantemente evocare, provocare, riprodurre la possibilità di un atto comunitario, di uno sforzo collettivo, prodotto dallo scambio e dal confronto. Riducendo lo spazio di una comunicazione personale, individualistica, intima, Tuttofuoco si comporta come un vettore di energie diverse che riunisce, connette, mette in relazione, per rivelarne le potenzialità inespresse. Ricerca una comunicazione con contesti distanti dal suo abituale orizzonte di relazioni, osserva i rituali sociali di gruppo per sottolinearne le dinamiche.

Nell'era della post-produzione l'artista è proprio quest'interfaccia, questo sistema flessibile e aperto allo scambio, è il luogo d'incontro di idee e visioni diverse: sta a lui provocare il dialogo, il confronto, predisporsi con curiosità e apertura all'altro, al bagaglio di opinioni, affetti e passioni che questo incontro porta con sé. Già McLuhan aveva individuato le nuove possibilità comunicative e relazionali che i medium elettronici avrebbero introdotto, enfatizzando lo spazio dello scambio, della socialità, della comunità, sottraendo posizioni e responsabilità all'autore per incrementare quelle del lavoro di gruppo ("As new technologies come into play, people are less and less convinced of the importance of self-expression. Teamwork succeeds provate effort", e ancora "Now we have to adjust, not to invent", scriveva in *The Medium is the Massage*). Le tecnologie digitali, poi, hanno estremamente incrementato la velocità e le possibilità dello scambio e della comunicazione, gli spazi della condivisione e della relazione: l'individualità si fa sempre più ibrida e flessibile, incontro di innumerevoli flussi di informazioni e vissuti. Forme e narrazioni sono sempre più il risultato, quanto mai provvisorio e ridefinibile, di inestricabili incontri, soprattutto condotti nello spazio flessibile e assorbente del web, che sfuma i contorni e le divisioni in un amalgama senza cesure. La singolarità si confonde in una continua condivisione.

Lo spazio evocato da Tuttofuoco è proprio quello che un sociologo come Philippe Quéau chiamerebbe "un quadro attivo, intimamente ibridato con il modello rappresentato"[1] è una piattaforma, una struttura per l'incontro e lo scambio, piuttosto che una forma chiusa e definitiva. Tuttofuoco provoca l'immenso potenziale di trasformazione che può derivare dalla connessione, sia fisica che teorica, tra diversi singoli elementi, come parti di un dispositivo inizialmente pensato solo in potenza. Sono forme e scenografie costruite per/dagli altri, modelli di interrelazioni che non ricercano la sicurezza di uno stile, ma la continua messa in scena di un flusso di possibilità.

Possono essere spazi lasciati completamente liberi all'espressione di competenze e passioni portate da altri, il luogo dell'amatorialità e del dilettantismo (l'istallazione-performance *Scooter*, 1999), situazioni che incoraggiano la partecipazione pubblica (la performance e poi video *Otto*, 2000, l'istallazione architettonica *Hardcore*, con Massimiliano Buvoli e Riccardo Previdi, 2001), immagini che visualizzano le strutture e le connessioni tra individui (la fotografia *Famiglia*, 1998, la scultura-istallazione *Grattacielo*, 2000, le due serie fotografiche *Combo*, 2001-2002), forme e situazioni performative che nascono dal dialogo con altri individui e le loro competenze (tutti i lavori in collaborazione con il duo di musica elettronica BHF come + e *Superstereo*, o quello con l'architetto Paolo Brambilla per il progetto per un dispositivo pubblico urbano *Display*, 2002), ancora possono essere immagini che rappresentano, ritraggono un gruppo di persone affettivamente vicine all'artista (ancora l'immagine *Famiglia*, l'istallazione-performance *Velodream*, 2001, la video-animazione *Boing*, 2001, le diverse immagini *Dojo*, 2003).

O forme che combinano alcuni di

segue a p./continued on pg 115

Luca Cerizza

UN STUDIO

ARCHITETTI / ARCHITECTS

NL

UN STUDIO CREA DEGLI OGGETTI. È una strana cosa da dire di questi tempi a proposito di uno studio di architettura. Per lungo tempo non è stato di moda nel mondo dell'architettura fare cose che stanno in piedi da sole e sono belle di forma. Negli ultimi decenni la professione si è impegnata a creare sistemi invisibili, siano essi pseudo-scientifici o estetici, e ha smesso, in piena coscienza, di assemblare questi sistemi in oggetti. Ciò non ha spesso trovato, almeno non pubblicamente, consolazione nella bella forma. Ora UN Studio, assieme ad alcune altre aziende, sta disegnando cose che diventano icone. Non hanno paura di affrontare le complessità del mondo moderno, e poi non lasciano semplicemente il paziente sulla tavola operatoria. Invece puntano alla "totalità difficile". I loro oggetti vengono realizzati mediante la raccolta di dati, attraverso l'uso delle infrastrutture e con la manipolazione di materiali e dettagli. Alcuni dei metodi da loro usati, per esempio quello che loro chiamano "progettazione profonda", sono nuovi, altri appartengono all'antico bagaglio degli architetti. Il risultato è che, come dicono gli stessi architetti, il loro lavoro non scompare ed essi possono sembrare gli stilisti di questo nuovo secolo.

UN STUDIO MAKES OBJECTS. That turns out to be a strange thing to say these days about an architecture firm. For a long time, it has not been fashionable in architecture to make things that stand by themselves and are well-formed. For the last few decades the practice has concerned itself with the making of invisible systems, whether they be pseudo-scientific or esthetic, and has stopped, very consciously, assembling those systems into objects. It has not often, at least not publicly, found solace in good form. Now UN Studio, along with a few other firms, is designing things that are iconic. They are not afraid to unfold the complexities of the modern world, but then they don't just leave the patient on the operating table. They instead aim for "the difficult whole." Their objects come about through the assembly of data, through the use of infrastructure and through the manipulation of material and detail. Some of these methods they use, such as what they call "deep planning," are new, others belong to the age-old toolbox of architects. The result is that, as the architects themselves say, their work does not disappear, and they may be the fashion designers of this new century.

016

Aaron Betsky

L'ABITO ZIPPER OFFRE A CHI LO PORTA UNA COMBINAZIONE DI LIBERTÀ ESTREMA E DI COSTRIZIONE ALTRETTANTO ESTREMA. UNA VOLTA CHE LE MULTICOLORI CERNIERE SONO CHIUSE, IL CORPO ASSUME UNA POSIZIONE DRAMMATICA CHE NON PUÒ ESSERE ALTERATA; UNA SERATA CON QUEST'ABITO È SIMILE A UNA RECITA. MA, D'ALTRO CANTO, LA POSSIBILITÀ DI APRIRE LE CERNIERE DAPPERTUTTO PUÒ AVERE UN EFFETTO LIBERATORIO.

THE ZIPPER DRESS OFFERS THE WEARER A COMBINATION OF EXTREME FREEDOM AND EQUALLY EXTREME CONSTRICTION. ONCE THE MULTICOLORED ZIPPERS HAVE GONE UP, THE BODY IS POSITIONED IN A DRAMATIC POSE THAT CANNOT BE ALTERED; AN EVENING IN THIS DRESS EQUALS A PERFORMANCE. BUT ON THE OTHER HAND, ALL-OVER UNZIPPERINGS CAN HAVE A LIBERATING EFFECT!

BEN VAN BERKEL E CAROLINE BOS

MAKOTO SEI WATANABE

ARCHITETTO / ARCHITECT

JP

Makoto Sei Watanabe appartiene a quella schiera di designer giapponesi per cui l'architettura rappresenta la creazione non solo di spazi, ma anche e soprattutto di significati. Di conseguenza, i suoi lavori scivolano continuamente dalla funzionalità all'estetica, dall'organizzazione calcolata delle strutture all'evocazione di profonde memorie ancestrali. Convinto che il luogo dell'architettura sia intrinsecamente urbano, Watanabe vede nella dinamica della città le premesse di qualsiasi possibile creazione. I suoi lavori, quindi – dai musei alle toilette pubbliche, dagli spazi collettivi ai progetti urbani – sono basati su un concetto di trasformazione continua, la cui immagine deriva da un mutamento incessante, capace di creare punti di riferimento architettonici che già preannunciano l'immediato futuro.

Makoto Sei Watanabe belongs to that array of Japanese designers for whom architecture is the creation not only of spaces, but also and above all of meanings. Consequently, his works continually pass from functionality to esthetics, from the calculated organization of structures to the evocation of deep ancestral memories. Convinced that the place for architecture is intrinsically urban, Watanabe sees in the dynamics of the city the premises of any possible project. His works, therefore—from museums to public lavatories, from collective spaces to urban plans–are based on a concept of continuous transformation whose image derives from mobile change, creating architectural landmarks that already herald the near future.

Maurizio Vitta

078

CORPO	UN AMICO CHE VIENE CON
	TE PER LUNGO TEMPO
ANIMA	ESISTENZA CHE DECIDE
	DOVE ANDARE
ABITO	MICROARCHITETTURA
SUONO	SAPORE D'ARIA
COLORI	TOCCO DI LUCE
BODY	PARTNER WHO GOES WITH
	YOU FOR A LONG TIME
SOUL	EXISTENCE THAT DECIDES
	WHERE TO GO
DRESS	MICRO-ARCHITECTURE
SOUND	TASTE OF AIR
COLORS	SHADE OF LIGHT

MAKOTO SEI WATANABE

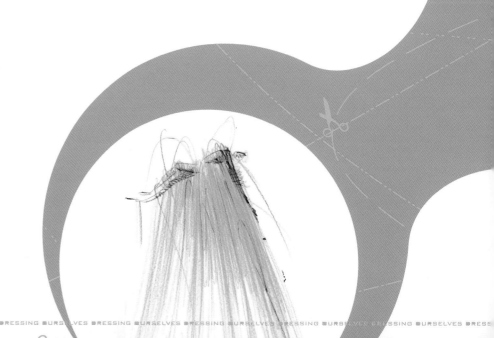

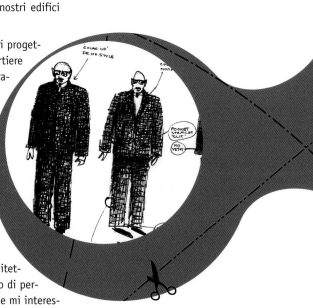

PETER WILSON
ARCHITETTO / ARCHITECT
AUS

Intervista per *Statement Magazine NL*: Peter Wilson con Jan-WiliamWesselink

PW: Hai sentito la storia della casa da tè giapponese senza finestre? I visitatori si chiedono perché non possano vedere le montagne circostanti. Alla fine si chinano per lavarsi le mani per la cerimonia del tè e vedono il più sublime panorama attraverso una piccola apertura. L'architetto coreografa l'esperienza di un edificio. Gli edifici trasparenti non mi interessano, non hanno sorprese né strati da scoprire. La nostra ambizione è di infondere negli edifici un'aura, un'atmosfera unica come nella Biblioteca di Münster, che attira tre o quattro mila visitatori al giorno o il Teatro Luxor di Rotterdam, che metaforicamente pone gli spettatori sulla scena.

J-WW: Bolles+Wilson sono attivi in molti paesi europei; le differenze culturali sembrano giocare un ruolo catalitico nel vostro lavoro?

PW: Come australiano, sono nel ruolo del "marziano", non ho collegamenti ereditati, sono libero di esplorare. Trovo un potenziale enorme spostandomi nei paesi europei. Non accade soltanto sulla scale dei grandi progetti come la Biblioteca BEIC di Milano e la Nuova Biblioteca Nazionale in Lussemburgo ma anche sulla scala dei dettagli o delle sfumature topografiche, come l'aperto paesaggio olandese e la situazione contraria in Germania dove tutto ciò che è interessante si trova dietro a un cespuglio. La mia socia Julia Bolles-Wilson opera dalla sua città natale (Münster) verso l'esterno, con tutto il bagaglio culturale che gli europei hanno il privilegio di possedere. Con questo *pedigree* ambiguo, siamo talvolta difficili da collocare. Gli inglesi ci considerano austeri come i tedeschi, mentre i tedeschi pensano che siamo imprevedibili. Progetti recenti in Australia e in Albania sono stati ben accolti.

J-WW: Hai lasciato l'Australia nei primi anni Settanta, e hai studiato e insegnato all'Architectural Association di Londra.

PW: Ah sì, abbiamo passato più di dieci anni a insegnare lì, sviluppando e riprovando i temi, la cornice concettuale e la posizione architettonica che ora informa la nostra attività di costruzione. Il nostro lavoro è caratterizzato da una precisione germanica e da una quasi opposta molteplicità collegata al pragmatismo anglosassone a soluzioni aperte, un adattarsi alla situazione. Apparteniamo ad ambedue i mondi. I nostri edifici funzionano bene ma sono coinvolti anche altri livelli, c'è multidimensionalità.

J-WW: Nonostante la loro diversa collocazione e funzione c'è una caratteristica unitaria nei vostri progetti. Con la Nord LB Bank accanto alla Cattedrale di Magdeburgo, la Suzuki House a Tokyo e il quartiere Falconreid di Amburgo, si vede subito che sono edifici Bolles+Wilson e che sono sempre l'elaborazione di limiti di contesto o di programma.

PW: Sì, questa è una strategia sperimentale, ma estremamente funzionante. Prendi il Teatro Luxor dove gli autocarri di consegna necessitavano di raggiungere la scena del primo piano: la rampa risultante e successivamente espressamente elaborata dà all'edificio il suo carattere, il suo tema, uno zoccolo su cui posa l'intera costruzione, o piuttosto si libra. Il nostro approccio pragmatico al procedimento è come attraccare una nave. La rotta della nave è determinata dal capitano-architetto ma influenzata dalle mutazioni dei venti (investitori, progettisti o costruttori). La rotta tracciata tra le varie onde di opinione diventa più precisa quanto più ci si avvicina al porto – il progetto si precisa.

J-WW: E il contesto culturale contemporaneo su cui atterrano i vostri progetti?

PW: L'attuale cultura mediatica è istantanea e anche non specificamente collocabile come l'architettura. Naviga su una produzione infinita di immagini da buttar via, senza profondità. Questo modo di percepire e consumare non va d'accordo con il fatto lento e durevole di un edificio. L'architettura che mi interessa non è quella seducente del successo mediatico, è quasi il contrario, è un luogo che ci sarà ancora domani, un luogo con un'aura, con un'anima.

Interview for *Statement Magazine NL*: Peter Wilson with Jan-WiliamWesselink

PW: Have you heard the story of the Japanese teahouse with no windows. Visitors wonder why they cannot see the surrounding mountains. Finally they lean down to wash their hands for the tea ceremony and see

segue a p./continued on pg 117

080

BACKSTAGE

084

Fotografie/Photos
Yoshie Nishikawa

088

Fotografie/Photos
Attilio Tono
Mirko Ginepro

090

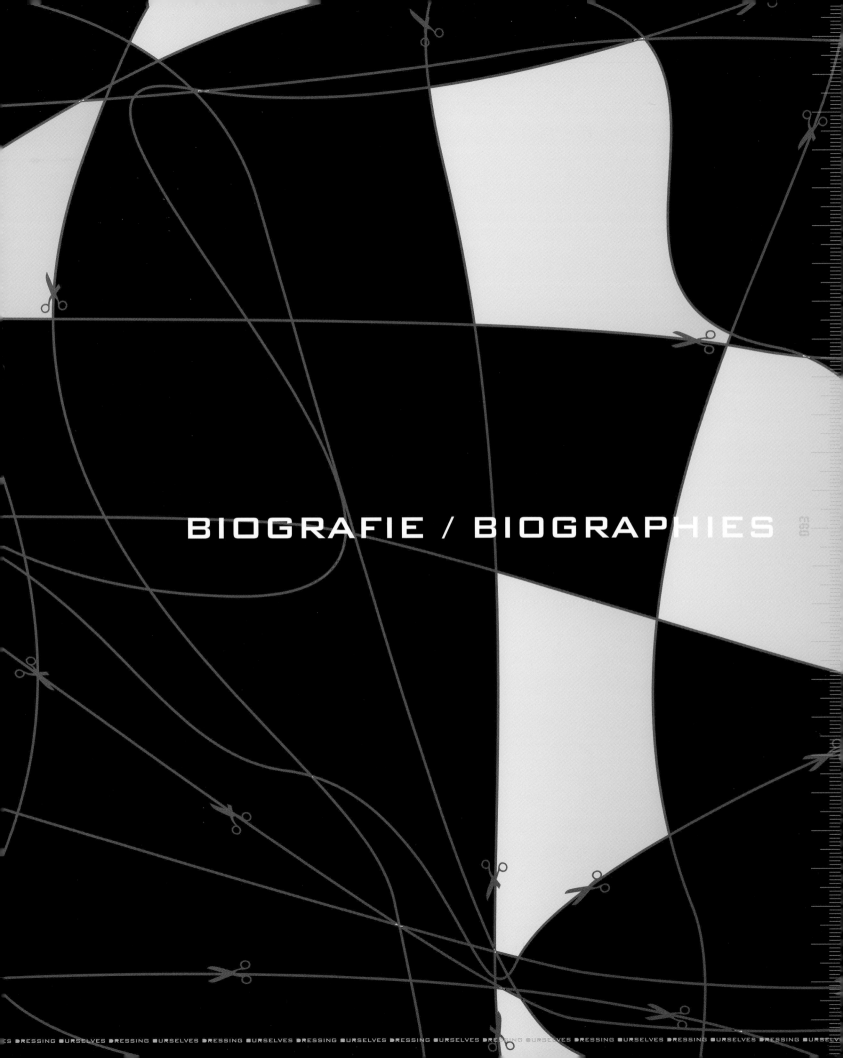

BIOGRAFIE / BIOGRAPHIES

Will Alsop

È uno dei più importanti architetti attivi oggi in Gran Bretagna e nel mondo intero. È internazionalmente apprezzato, accanto a luminari come Foster e Rogers, per i progetti della Peckham Library, per il piano regolatore "toscano" di Barnsley e per la stazione della metropolitana di North Greenwich. La sua carriera internazionale cominciò con la vittoria nella competizione per il disegno dell'Hotel du Departement des Bouches du Rhone a Marsiglia. Conosciuto familiarmente come Le Grand Bleu, l'edificio, una volta finito, lasciò a bocca aperta il mondo dell'architettura per le sue ardite forme eseguite con un rivestimento blu notte. Anche la Peckham Library si distingue per i rivestimenti di rame patinato color verde brillante e per l'allegra copertura arancione a forma di "berretto" che corre lungo la linea del tetto. Per questo progetto gli fu assegnato il prestigioso RIBA Stirling Prize nel 2000.

È intervenuto spesso polemicamente su molti temi ed è stato al centro dell'attenzione nazionale quando vinse la competizione "Fourth Grace" per il litorale di Liverpool nel dicembre 2002.

È Docente di Architettura alla Università Tecnica di Vienna e ha tenuto lezioni e conferenze in tutto il mondo.

He is one of the most important architects working in Great Britain and in the entire world. He is internationally respected alongside luminaries such as Foster and Rogers, for his Peckham Library project, the "Tuscan" town plan for Barnsley and the North Greenwich subway station. His international career took off when he won the competition for designing the Hotel du Departement des Bouches du Rhone in Marseilles. Known familiarly as Le Grand Bleu, the building, once finished, staggered the world of architecture due to its bold shapes sheathed in dark blue. Peckham Library also stands out due to its covering of bright green glazed copper and the cheerful orange "beret"-shaped cover that lies across the roof. He won the prestigious RIBA Stirling Prize for this project in 2000.

He has often been outspoken on many subjects and came under the spotlight in Britain when he won the competition "Fourth Grace" for the seafront in Liverpool in December 2002.

He is Professor of Architecture at the University of Vienna and has held lectures and conferences all over the world.

The Aluminum Group

È un gruppo musicale, con base a Chicago. È composto da Frank Navin (voce, tastiere), John Navin (voce, chitarra), Liz Conant (tastiere), Eddie Carlson (basso), John Ridenour (chitarra) e John Blaha (batteria).

Il loro primo album è intitolato *Wonderboy Plus,* il secondo *Plano* e il terzo, recentissimo, *Pedals.*

Frank e John Navin sono l'anima del gruppo. Scrivono le canzoni, disegnano i set, lavorano sui video e si occupano di tutti i dettagli. Anche se i fratelli Nevin confessano di dover molto alla musica di stile radiofonico di Burt Bacharach, Jimmy Webb e The Carpenters, essi si avvicinano di più a gruppi anni Novanta, come i Momus o The Magnetic Fields.

Il loro *sound* è caratterizzato dal tremolo di chitarre acustiche, da archi ondulanti, da dolci suoni di corno e da facile patetismo e riflette l'amore dei Navin per la musica radiofonica della loro fanciullezza.

Antony

They are a musical band based in Chicago. The band members are Frank Navin (vocals, keyboards), John Navin (vocals, guitar), Liz Conant (keyboards), Eddie Carlson (bass guitar), John Ridenour (guitar) and John Blaha (drums). Their first album is entitled *Wonderboy Plus*, the second *Piano*, and the third and latest *Pedals*.

Frank and John are the essence of the band. They write the songs, design the sets, work on videos and look after all the details. Although the Nevin brothers confess they owe a great deal to the radio style music of Burt Bacharach, Jimmy Webb and The Carpenters, they are more similar to nineties bands such as Momus or The Magnetic Fields.

Their *sound* is characterized by the tremolo of acoustic guitars, undulating strings, the sweet sounds of the horn and easy sentimentality and reflects the Navins' love of their childhood radio music.

Antony and the Johnsons presentano spettacoli da camera in un'atmosfera blu notte, creando musica altamente drammatica, emozionale e lirica. Paragonata alle voci di Nina Simone o di Lotte Lenya, la voce di Antony è ossessionante ed evocativa. I Johnsons sono un gruppo formato da un trio d'archi, pianoforte, basso e percussioni, che creano un sottofondo orchestrale denso anche se minimalistico.

Antony cominciò a presentare in pubblico le sue canzoni in spettacoli a tarda notte presso il Pyramid Club di New York. Dopo aver ricevuto il Premio N.Y.F.A. per le "Forme emergenti nello Spettacolo", mise assieme il complesso dei Johnsons e produsse il suo primo album, che venne pubblicato per la Durtro di Londra e che include canzoni come *Cripple and the Starfish*, *Twilight* e *River of Sorrow*.

Ha collaborato con David Bowie, Laurie Anderson e The Blind Boys of Alabama in una canzone dell'ultimo album di Lou Reed, che ha accompagnato nella sua tournée 2003. È poi apparso in una memorabile scena del film di Steve Buscemi *Animal Factory*, mentre canta la sua ballata *Rapture* a un gruppo di galeotti.

Nell'aprile 2004, nell'ambito del Festival Whitney Biennial, Antony e i Johnsons hanno presentato una serie di spettacoli di grande successo presso il Saint Ann's Warehouse di New York, eseguendo le canzoni del loro nuovo album *I am a bird now*.

Antony and the Johnsons give chamber performances in a midnight blue atmosphere, creating highly dramatic, emotional and lyrical music. Often compared to the voices of Nina Simone or Lotte Lenya, Antony's voice is haunting and evocative. The Johnsons is a group formed of a trio of strings, piano, bass and percussion, which lay a treacly though spare foundation of orchestral arrangements.

Antony began to perform his songs in public late at night at the Pyramid Club in New York. After receiving the N.Y.F.A. award for Performance Art/Emergent Forms, he put together the Johnsons band and produced its first album, which was released by Durtro in London and which includes songs such as "Cripple and the Starfish," "Twilight," and "River of Sorrow."

He worked with David Bowie, Laurie Anderson and The Blind Boys of Alabama on one of the songs on the latest Lou Reed album. He also toured with Lou Reed in 2003. He then appeared in a memorable scene of Steve Buscemi's film *Animal Factory*, while singing his ballad "Rapture" to a crowd of jailbirds.

In April 2004 at the Festival Whitney Biennial, Antony and the Johnsons gave a series of very successful shows at Saint Ann's Warehouse in New York, performing songs from their new album *I Am a Bird Now*.

Devendra Banhart

Nato in Texas nel 1981, deve il suo nome a un mistico indiano di cui i genitori erano seguaci. Dopo il loro divorzio, egli seguì la madre a Caracas, in Venezuela, per poi tornare a Los Angeles con il nuovo marito di lei. Nel 1998 ottenne una borsa di studio per frequentare il San Francisco Art Institute. Cominciò a esibirsi in pubblico a un matrimonio gay e in seguito presso ristoranti etnici, pub irlandesi e anche, nonostante la minore età, in locali notturni.

Nell'estate del 2000, Devendra lasciò la scuola e si trasferì a Parigi, dove incominciò a suonare in un piccolo club e dove fece le sue prime registrazioni non professionali.

Ritornato negli Stati Uniti, si muove tra San Francisco e Los Angeles, dove viene ascoltato per caso da Siobhan Duffy, che rimane impressionato dalla sua voce unica e dal suo modo originale di scrivere musica. Questo incontro segna l'inizio della sua carriera professionale.

Born in Texas in 1981, he owes his name to an Indian mystic, who his parents were disciples of. After his parents' divorce, he followed his mother to Caracas, in Venezuela, only to return to Los Angeles with her new husband. In 1998 he won a scholarship to attend the San Francisco Art Institute. He began to exhibit in public at a gay wedding and then at ethnic restaurants, Irish pubs, and, despite being under age, in nightclubs. In the summer of 2000, Devendra left school and moved to Paris, where he began to play in a small club and where he made his first amateur recordings.

Back in the United States, he moved back and forth between San Francisco and Los Angeles, where he was heard by chance by Siobhan Duffy, who was impressed by his unique voice and original way of writing music. This meeting marked the beginning of his professional career.

Markus Benesch

Attivo fin dal 1989 come disegnatore industriale e progettista d'interni, ha collaborato con le più importanti aziende del settore. Ha disegnato letti, armadi, divani, sedie e sgabelli, lampade, tavoli, specchi, vetri, vasi, accessori per la casa e l'ufficio per Porchet, Intermobile, Danona, Grafico Modular, Fundoshi, Abet Laminati, Esselte-Leitz, Yoox.com in Germania, Svizzera, Olanda, Spagna, Italia, Giappone.

Ha realizzato l'*interior design* di più di venticinque case, appartamenti, negozi, uffici e fiere, fra cui i negozi Benetton a Monaco di Baviera e Schongau, l'Interior Design Centre ancora a Monaco, l'Hotel Palazzo dei Dogi – Boscolo a Venezia, i ristoranti Mövenpick, lo show-room di Paul Smith a Milano e la Transition Design Gallery a Tokyo.

Ha esposto i suoi lavori in rinomate sedi internazionali, quali la Fiera del Mobile a Cologna, il Salone del Mobile a Milano, il Designersblock di Londra, la Triennale di Milano, etc.

Nel 2003 ha tenuto il seminario *Semaine folle* presso l'École Superieure d'Art et de Design di Reims.

Enrica Borghi

Working since 1989 as an industrial and interior designer, he has collaborated with the most important companies in the field. He has designed beds, wardrobes, sofas, chairs and stools, lamps, tables, mirrors, glass, vases, accessories for the home and the office for Porchet, Intermobile, Danona, Grafico Modular, Fundoshi, Abet Laminati, Esselte-Leitz, Yoox.com in Germany, Switzerland, Holland, Spain, Italy, and Japan.

He has deigned the interiors of over twenty-five houses, apartments, shops, offices, and trade fairs, including the Benetton shops in Munich and Schongau, the Interior Design Center in Munich, the Hotel Palazzo dei Dogi-Boscolo in Venice, Mövenpick restaurants, Paul Smith's showroom in Milan and the Transition Design Gallery in Tokyo. He has exhibited his works at renowned international venues such as the Furniture Fair in Koln, the Salone del Mobile in Milan, Designersblock in London, the Triennale in Milan, and elsewhere.

In 2003 he held the seminar *Semaine folle* at the l'École Supérieure d'Art et de Design in Reims.

Nata a Premosello Chiovenda (Verbania) il 19 giugno 1966, vive e lavora a Novara.

Ha frequentato l'Accademia di Belle Arti di Brera a Milano, diplomandosi in scultura nel 1990.

Ha cominciato la sua carriera artistica nel 1993, partecipando alla mostra collettiva *Progetto Borderline*. Da allora ha esposto estesamente in Italia e all'estero. Fra le collettive a cui ha partecipato si possono ricordare: *Interakcie I e II*, 1995; *Trash. Quando i rifiuti diventano arte*, 1997; *Money & Value/The Last Taboo*, 2002 e *Melting pop*, 2003. Fra le principale mostre personali si ricordano: *La Regina. Installazione per i bambini*, 1999; *Enrica Borghi*, 2000 e *Bio-boutique*, 2004.

Born in Premosello Chiovenda (Verbania) on June 19, 1966, she lives and works in Novara. She attended the Accademia di Belle Arti di Brera, graduating in sculpture in 1990. She began her artistic career in 1993, taking part in the group exhibition *Progetto Borderline*. Since then she has exhibited widely in Italy and abroad. The group exhibitions she has taken part in include: *Interakcie I e II*, 1995; *Trash. Quando i rifiuti diventano arte*, 1997; *Money & Value/The Last Taboo*, Expo 02, 2002; and *Melting Pop*, 2003. Her major solo exhibitions include: *La Regina. Installazione per i bambini*, 1999; *Enrica Borghi*, 2000; and *Bio-boutique*, 2004.

Andrea Branzi

Andrea Branzi è nato a Firenze nel 1938. Laureatosi in architettura nel 1966, vive e lavora a Milano dal 1973. È uno dei protagonisti dell'architettura radicale italiana e ha contribuito alla fondazione del gruppo Archizoom, di cui ha fatto parte dal 1964 al 1974. In questo quadro ha sviluppato il progetto *No-Stop-City* (1962-1972), città senza fini e "senza qualità" in cui l'arredo urbano è il solo elemento architettonico. Dal 1974 al 1976 Branzi diventa membro di Global Tools, contro-scuola di architettura e di design e collabora, in seguito, con studi di disegno industriale d'avanguardia (Alchimia e Memphis), impegnandosi nella ricerca e nella promozione del design, che per lui implica nuove relazioni tra l'uomo e gli oggetti. È stato socio fondatore della scuola di specializzazione Domus Academy, che ha diretto per qualche anno, e direttore della rivista *Modo*. Nel 1987 gli viene assegnato il Compasso d'oro per l'insieme della sua carriera. È autore di pubblicazioni quali *La casa calda* (1982), *Animali domestici: lo stile neo-primitivo* (1986), *Nouvelle de la métropole foide* (1991) e *Il Design Italiano. 1964-1990* (1996) ed è stato inoltre commissario di numerose esposizioni.

Andrea Branzi was born in Florence in 1938. Graduating in Architecture in 1966, he has lived and worked in Milan since 1973. He is one of the protagonists of radical Italian architecture and helped found the group Archizoom, which he was a member of from 1964 to 1974. Within this context he developed the project *No-Stop-City* (1962–1972), infinite "quality-less" cities in which street furniture is the only architectonic element. From 1974 to 1976 Branzi became a member of Global Tools, counter-school of architecture and design, going on to work with industrial and avant-garde design studios (Alchimia and Memphis), taking an interest in design research and promotion, which for him implies fresh relationships between man and objects. He was the founding member of the Domus Academy school of specialization, which he directed for some years, and director of the magazine *Modo*. In 1987 he was awarded the Compasso d'Oro for his achievements. He is the author of publications such as *La casa calda* (1982), *Animali domestici: lo stile neo-primitivo* (1986), *Nouvelle de la métropole foide* (1991), and *Il Design italiano. 1964–1990* (1996), and has also been commissioner of numerous exhibitions.

Enzo Cucchi

Nasce a Morro d'Alba (Ancona) nel 1949. Nel 1977 presenta le sue prime mostre personali a Roma e a Milano, imponendosi per l'originalità del suo lavoro rispetto alle tendenze predominanti nell'Italia della fine degli anni Settanta. All'inizio degli anni Ottanta espone spesso insieme a Sandro Chia, Francesco Clemente, Nicola De Maria, Mimmo Paladino, i protagonisti di quella nuova corrente dell'arte italiana denominata Transavanguardia. La sua attività espositiva si fa intensa e comincia la collaborazione con i musei più prestigiosi quali la Kunsthaus di Zurigo (1982 e 1988), la Caja de Pensiones di Madrid (1985), il Guggenheim Museum di New York, il Centre Pompidou a Parigi (1986), il Lenbachhaus di Monaco (1987), la Kunsthalle di Amburgo (1991), il Museo d'arte contemporanea di Rivoli (1993), il Palazzo Reale di Milano (1995). Sue personali saranno ancora ospitate a Buenos Aires, Los Angeles, San Francisco, Sydney, Tampere, Toronto, Tokyo, Vancouver, etc. Numerose sono le collezioni pubbliche che ha realizzato, come le sculture permanenti all'aperto al Brülinger Park di Basilea (1984), e presso il Louisiana Museum of Modern Art di Humlebaek, Copenhagen (1985), la fontana nel giardino del Museo Pecci di Prato, la *Fontana d'Italia* all'ingresso della York University di Toronto (1993), etc.

Nathalie du Pasquier

Born in Morro d'Alba (Ancona) in 1949, he held his first solo exhibition in Rome and in Milan in 1977, becoming popular due to the originality of his work compared to the prevailing trends in Italy at the end of the sixties. At the beginning of the eighties he often exhibited with Sandro Chia, Francesco Clemente, Nicola De Maria, Mimmo Paladino, prominent figures in the new wave of Italian art named trans avant-garde. He began to exhibit more and more frequently, working with the most prestigious museums, such as the Kunsthaus in Zurich (1982 and 1988), the Caja de Pensiones in Madrid (1985), the Guggenheim Museum in New York, the Centre Pompidou in Paris (1986), the Lenbachhaus in Munich (1987), the Kunsthalle in Hamburg (1991), the Museo d'arte contemporanea in Rivoli (1993), the Palazzo Reale in Milan (1995). He held solo exhibitions in Buenos Aires, Los Angeles, San Francisco, Sydney, Tampere, Toronto, Tokyo, Vancouver, and elsewhere. He has contributed to numerous civic collections, such as the permanent sculptures in Brülinger Park in Basel (1984), the Louisiana Museum of Modern Art in Humlebaek, Copenhagen (1985), the fountain in the garden of the Museo Pecci in Prato, the *Fontana d'Italia* at the entrance to York University in Toronto (1993), and more still.

È nata a Bordeaux, in Francia, nel 1957. Dal 1979 vive e lavora a Milano.
Fino al 1987 ha lavorato come designer, specializzandosi nella superficie decorata. È membro fondatore del gruppo Memphis. Ha disegnato numerosi tessuti e tappeti ma anche oggetti e mobili sia per Memphis sia per altre aziende.
Dal 1987 si è consacrata quasi esclusivamente alla pittura, salvo qualche eccezione nel campo della ceramica.
Oltre alle mostre di design, alle quali ha partecipato con e senza Memphis, espone regolarmente la sua pittura: dal 1989 presenta ogni anno i suoi lavori presso la Galleria Le Cadre a Hong Kong; nel 1987 e nel 1994 ha esposto alla Galleria Jannone di Milano; nel 1993 la FruitMarket Gallery di Edimburgo le ha dedicato un'ampia mostra. Ha poi esposto alla Galleria Corraini di Mantova (1996), alla Fenderesky Gallery di Belfast (1997) e alla Galleria Antonio Colombo Arte Contemporanea di Milano (1996 e 1998).
È interessata particolarmente all'antica tradizione della pittura cinese, che si concentra soprattutto sullo spazio meditativo tra il pittore e lo spettatore. Nathalie non tenta di rispecchiare la pittura cinese ma di creare un dialogo simile, pur rimanendo nell'ambito della tradizione europea della natura morta.

Born in Bordeaux, France, in 1957. She has lived and worked in Milan since 1979.
Up to 1987 she worked as a designer, specializing in decorated surfaces. She is a founding member of the Memphis group. She has designed numerous fabrics and carpets but also objects and furniture both for Memphis and for other companies. In 1987 she devoted herself almost entirely to painting, apart from some forays into ceramics. As well as design exhibitions, with and without Memphis, she regularly exhibits her paintings. Since 1989 she has exhibited her work at Le Cadre Gallery in Hong Kong on a yearly basis. In 1987 and 1994 she exhibited at the Galleria Jannone in Milan, and in 1993 the FruitMarket Gallery in Edinburgh dedicated a large exhibition to her work. She then exhibited at the Galleria Corraini in Mantua (1996), the Fenderesky Gallery in Belfast (1997), and the Galleria Antonio Colombo Arte Contemporanea in Milan (1996 and 1998).
She is especially interested in the ancient tradition of Chinese art, which concentrates above all on the meditative space between painter and spectator. Nathalie does not try to mirror Chinese painting but to create a similar dialogue, though remaining within the context of the European still life tradition.

Pablo Echaurren

Sebbene porti un nome non italiano, Pablo Echaurren è nato nel 1951 a Roma, dove attualmente lavora.

Sullo sfondo dell'ultima pop art, dell'arte povera, del minimalismo e del concettuale, nei primi anni Settanta egli ha messo a punto una propria cifra stilistica, in grado di dialogare anche al di là del mondo dell'arte. Da allora la sua produzione si è sviluppata all'insegna della contaminazione fra generi, fra *alto* e *basso*, arte e arti applicate. Ne discende un'idea dell'artista come artefice e inventore a tutto campo, indifferente agli steccati e alle gerarchie che solitamente tendono a comprimere la creatività.

Il suo percorso pittorico va dai primi acquerelli e smalti minimalisti alle tele degli anni Ottanta e Novanta, in cui s'incrociano richiami all'immaginario fumettistico e al graffitismo, riferimenti alle avanguardie storiche e il ricordo della pop art, fino alla produzione più recente, che mescola interferenze dei cartoon e figure radicate nella cultura popolare, tra il gotico e il precolombiano. Inoltre Pablo Echaurren ha pubblicato diversi pamphlet (tra cui *Il suicidio dell'arte,* 2001), romanzi sul mondo dell'arte contemporanea (come *Delitto d'autore*, 2003; *L'invasione degli astratti*, 2004) e ha svolto un intenso lavoro "applicato", lasciando il proprio segno su copertine di libri, illustrazioni per giornali, fumetti, pubblicità, manifesti, copertine di dischi e cd, orologi, francobolli, in un andirivieni tra *underground* e *overground*.

È del 2004 la mostra antologica *Pablo Echaurren. Dagli anni Settanta a oggi*, a cura di Fabio Benzi, Gianluca Marziani e Federica Pirani (Catalogo Gallucci), che il Comune di Roma ha voluto dedicargli.

Although his name is not Italian, Pablo Echaurren was born in 1951 in Rome, where he currently works.

Against the early sixties background of the last throes of pop art, arte povera, minimalism and conceptual art, he elaborated his own code of expression, able to reach out beyond the art world. Since then his work has been a cross-pollution of genres, a mixture of high and low art and applied arts. From this stems an idea of the artist as all-around craftsman and inventor, indifferent to the barriers and hierarchies that usually tend to curb creativity.

His artistic career ranges from early watercolors and minimalist enamels to his canvases of the eighties and nineties, in which references to comic strips and graffiti, historical avant-garde movements, and the memory of pop art intersect, up to his more recent work, which mixes cartoons and figures rooted in popular culture, from gothic to pre-Columbian.

Moreover, Pablo Echaurren has published various pamphlets (including *Il suicidio dell'arte*, 2001) and novels on the world of contemporary art (like *Delitto d'autore*, 2003; *L'invasione degli astratti*, 2004). He has also busied himself with applied arts, leaving his mark on book jackets, newspaper illustrations, comic books, advertising, posters, records and CD covers, watches, stamps, moving back and forth between underground and overground.

In 2004 the Municipality of Rome dedicated to him the anthological exhibition *Pablo Echaurren. Dagli anni Settanta a oggi*, curated by Fabio Benzi, Gianluca Marziani, and Federica Pirani (Catalogue Gallucci).

Meschac Gaba

Nato a Cotonou, in Benin, nel 1961, ha studiato all'Accademia Nazionale di Amsterdam e lavora come artista professionale dal 1991.

Ha al suo attivo un grande numero di mostre personali e collettive sia in Africa sia in Europa e America. Ha esposto a Cotonou, Abidjan, Il Cairo, Milano, Parigi, Amsterdam, Milwaukee, Berna, Gand, etc. Ha partecipato alla Biennale di Venezia, a Documenta 11 a Kassel, a EXPO in Svizzera. Nel 2002 ha ricevuto l'AICA Award (Associazione Internazionale dei Critici d'Arte) e il Will Grohmann Preis a Berlino.

Massimo Giacon

Born in Cotonou, Benin, in 1961, he studied at the National Academy in Amsterdam and has worked as a professional artist since 1991.

He has to his credit many solo and group exhibitions in Africa, Europe and America. He has exhibited in Cotonou, Abidjan, Cairo, Milan, Paris, Amsterdam, Milwaukee, Bern, Ghent, and elsewhere. He has exhibited at the Venice Biennale, Documenta 11 in Kassel, and EXPO in Switzerland. In 2002 he received the AICA Award and the Will Grohmann Preis in Berlin.

Nasce a Padova nel 1961. Dal 1980 lavora su e giù tra Milano e Padova, sospeso tra le sue diverse attività di fumettista, illustratore, designer, artista e musicista. Protagonista come fumettista, sin dai primi anni Ottanta, del fenomeno di rinnovamento del fumetto italiano – scaturito da riviste come *Frigidaire, Alter, Dolce Vita, Cyborg e Nova Express* – inizia a collaborare nel 1985 con la Sottsass Associati. Prosegue la sua attività nel design collaborando con Matteo Thun, Atelier Mendini, Sieger Design e realizzando progetti per Memphis, Alessi, Philips, Zero Disegno, Swatch e Artemide.

Nel 1990 inizia un'attività artistica che lo porta a tenere numerose mostre in Italia, Svizzera, Stati Uniti, Grecia, Portogallo e Giappone.

Dal 1994 inizia a occuparsi di grafica per reti telematiche, cd-rom e siti web. Dopo un decennio di attività musicale con diversi gruppi, nel 1996 esce il suo primo album solista: *Horror Vacui*.

Ha disegnato arazzi, tappeti, ceramiche, oggetti per la cucina, ha prodotto illustrazioni pubblicitarie, ha collaborato con stilisti e riviste di moda (Romeo Gigli, *Vanity, Elle*), ha creato allestimenti per fiere internazionali. Sono in lavorazione una linea di giocattoli per Brinkhaus, un personaggio virtuale per la Rai Radiotelevisione Italiana e una mostra di opere con tematiche pornografiche.

Born in Padua in 1961. Since 1980 he has shuttled back and forth between Milan and Padua working at his various jobs as comic strip artist, illustrator, designer, artist, and musician. Since the early eighties he has been one of the major comic strip artists involved in the phenomenon of the Italian comic strip revival originating from magazines such as *Frigidaire*, *Alter*, *Dolce Vita*, *Cyborg*, and *Nova Express*. In 1985 he began to work with Sottsass Associati. He continued with his design work, collaborating with Matteo Thun, Atelier Mendini, Sieger Design and producing projects for Memphis, Alessi, Philips, Zero Disegno, Swatch, and Artemide. In 1990 he began a career in art that led him to hold numerous exhibitions in Italy, Switzerland, the United States, Greece, Portugal, and Japan.

Since 1994 he has handled the graphics for telematics networks, CD-ROMs, and web-sites.

After a decade of playing music with various bands, his first solo album *Horror Vacui* was released in 1996.

He has designed hangings, carpets, ceramics, kitchen objects, produced advertising illustrations and worked with fashion designers and magazines (Romeo Gigli, *Vanity*, *Elle*). He has also fitted out international trade fairs. He is now working on a line of toys for Brinkhaus, a virtual character for RAI Radiotelevisione Italiana, and an exhibition of works with pornographic subjects.

Johanna Grawunder

Si è laureata in Architettura nel 1983, presso l'Università Politecnica Statale della California a San Luis Obispo, dopo aver compiuto gli studi dell'ultimo anno presso il campus di quell'università a Firenze. Designer e architetto, vive e lavora fra Milano e San Francisco.

Sin dal 1985 ha lavorato per Ettore Sottsass, di cui in seguito è divenuta partner. Oltre all'attività di designer architettonico, ha prodotto collezioni a tiratura limitata di luci e mobili per varie gallerie in Europa e negli Stati Uniti, come la Gallery Mourmans in Belgio e la Design Gallery di Milano. Nel 2001 ha aperto un suo studio, operante sia a Milano che a San Francisco. Attualmente lavora su progetti di architettura e d'interni in Italia e negli Stati Uniti, su nuove collezioni per gallerie di design e collabora con un gruppo selezionato di aziende quali Flos, Boffi e Salviati.

Fra gli incarichi più recenti si ricorda un'installazione permanente di illuminazione esterna al Museo di Arte Contemporanea di Siracusa, prodotta dalla Galleria Roberto Giustini di Roma.

Ha tenuto lezioni e conferenze in Europa, Asia e Stati Uniti.

She graduated in Architecture in 1983 from the State Polytechnic of California at San Luis Obispo after attending her final year of studies at their campus in Florence. A designer and architect, she now lives and works in Milan and San Francisco.

She began working for Ettore Sottsass in 1985, subsequently becoming a partner. In addition to her work in architectural design she has produced limited editions of lighting and furniture for various galleries in Europe and the United States, such as the Gallery Mourmans in Belgium and the Design Gallery in Milan.

In 2001 she opened a studio of her own, operating in both Milan and San Francisco. She is currently working on interior design projects in Italy and the United States and on new collections for design galleries. She also works with a selected group of companies such as Flos, Boffi, and Salviati.

Her more recent commissions have included a permanent installation of outside lighting at the Museo di Arte Contemporanea of Syracuse, created by the Galleria Roberto Giustini of Rome.

She has held lectures and conferences in Europe, Asia, and the United States.

Alessandro Guerriero

Fonda nel 1976 Alchimia, che è stato uno dei gruppi più vitali nell'evoluzione del design italiano di post-avanguardia.

Nel 1982 gli è stato assegnato il Compasso d'oro per la ricerca nel design.

Tra le installazioni più importanti che ha realizzato con Alchimia troviamo: *La Stanza del Secolo* al Palazzo dei Diamanti a Ferrara; *Elogio del Banale* per la Biennale di Venezia; *Architettura Ermafrodita* al PAC di Milano; *Mobile Infinito* al Museo d'Arte Moderna di Tokyo e Kyoto; la *Stanza Fin-de-siècle* al Centre George Pompidou di Parigi. Con Alchimia ha pubblicato vari libri tra cui *Elogio del Banale, Moderno Postmoderno Millenario, Progetto Infelice, Architecture in Love, Disegni Alchimia.*

Sue opere si trovano al Museo d'Arte Moderna di Kyoto, al Twentieth Century Design Collection e al Metropolitan Museum di New York, al Museum fur Angewandte Kunst di Vienna, al Groningen Museum in Olanda, al Louisiana Museum fur Moderne Kunst, il Kunstmuseum di Düsseldorf e il Museum of Modern Art di Boston.

Con altri ha firmato alcuni progetti d'architettura: *Casa della Felicità* per la Famiglia Alessi a Omegna; la *Torre Civica* di Gibellina; il *Museo d'Arte* della Città di Groningen in Olanda (con Alessandro Mendini, Philippe Starck, Michele de Lucchi e Coop Himmelblau). Alla fine del 1996 inizia il progetto del nuovo Museo Benetton con Oliviero Toscani, mentre più recentemente ha progettato una piccola città vicino a Roma per conto della Bastogi e la mostra per il centenario Fiat.

È docente al Politecnico di Milano e Presidente e Direttore Artistico della Nuova Accademia di Belle Arti di Milano.

102

Hariri & Hariri

In 1976 he founded Alchimia, one of the most vital groups in the evolution of Italian post avant-garde design.

In 1982 he was awarded the Compasso d'Oro for his design work.

Some of the major installations he produced with Alchimia include: *La Stanza del Secolo* at the Palazzo dei Diamanti in Ferrara; *Elogio del Banale* for the Venice Biennale; *Architettura Ermafrodita* at the PAC in Milan; *Mobile Infinito* at the Museum of Modern Art of Tokyo and Kyoto; the *Stanza Fin-de-siécle* at Centre George Pompidou in Paris.

He has published various books with Alchimia including *Elogio del Banale, Moderno Postmoderno Millenario, Progetto Infelice, Architecture in Love, Disegni Alchimia*.

His works can be seen at the Museum of Modern Art in Kyoto, at the Twentieth-Century Design Collection, at the Metropolitan Museum of New York, at the Museum fur Angewandte Kunst in Vienna, at the Groningen Museum in Holland, at the Louisiana Museum fur Moderne Kunst, the Kunstmuseum of Düsseldorf and at the Boston Museum of Modern Art.

He has put his name to several architectural projects: the Casa della Felicità for the Famiglia Alessi in Omegna; the Torre Civica of Gibellina; the Art Museum of the City of Groningen in Holland (with Alessandro Mendini, Philippe Starck, Michele de Lucchi, and Coop Himmelblau). At the end of 1996 he began work on the project for the new Benetton Museum with Oliviero Toscani, while, more recently, he has designed a small town close to Rome on behalf of Bastogi and the exhibition for the centenary of FIAT. He is a professor at the Politecnico of Milan as well as President and Artistic Director of the Nuova Accademia di Belle Arti in that same city.

Una fra le aziende di design architettonico più importanti nel mondo, Hariri & Hariri Architecture fu fondata nel 1986 a New York da due sorelle, iraniane di nascita, Gisue e Mojgan Hariri. I lavori dello studio, che si è dedicato alla ricerca e alla realizzazione di idee innovative, sono stati esposti in numerosi musei, gallerie e istituzioni architettoniche internazionali, fra cui il National Building Museum, il Museum of Modern Art, il Deutsches Architectur Museum e il Museu d'Art Contemporani de Barcelona. Recentemente il loro progetto per il Villaggio Olimpico 2012 è stato premiato ed esposto nella Grand Central Station, e inoltre lo studio è risultato fra i finalisti nella competizione per il progetto pilota del St. Mark Coptic Canadian Village di Toronto.

Integrazione della tecnologia digitale, uso fantasioso dei materiali, sensibilità per la collocazione e capacità di rapporti sociali, qualità spesso considerate in mutuo contrasto, coesistono cataliticamente nel lavoro di Hariri & Hariri.

La loro esplorazione della nostra cultura contemporanea, dinamica, globale, tesa alla velocità, ha prodotto progetti e prototipi di architetture futuristiche e visionarie per il nuovo millennio. Esse hanno da sole progettato un materiale rivoluzionario chiamato *The Digital Block*, per la costruzione di muri trasparenti capaci di trasmettere e ricevere informazioni, che è stato finalista nell'edizione 2000 del Premio Saatchi & Saatchi per *Innovation in communication*.

Una monografia a loro dedicata, dal titolo *Hariri & Hariri: work in progress,* è stata pubblicata nel 1995 da The Monacelli Press.

One of the most important architectural design companies in the world, Hariri & Hariri Architecture was founded in New York in 1986 by two Iranian-born sisters, Gisue and Mojgan Hariri. Their work, dedicated to exploring innovative ideas and making them happen, has been exhibited in numerous international architectural museums, galleries, and institutions including the National Building Museum, the Museum of Modern Art, the Deutsches Architectur Museum and the Museu d'Art Contemporani in Barcelona. Recently, their project for the 2012 Olympic Village won an award and was exhibited at Grand Central Station. Moreover, the studio was one of the finalists in the competition for the pilot project for the St. Mark Coptic Canadian Village of Toronto.

Integration of digital technology, imaginative use of materials, sensitivity to location and capacity for social relations, qualities that are often considered to oppose each other, cohabit catalytically in Hariri & Hariri's work.

Their exploration of our contemporary, dynamic, global, speed-loving culture has produced futuristic and visionary architectural projects and prototypes for the new millennium. They designed, on their own, a revolutionary material called "The Digital Block" for building transparent walls able to transmit and receive information, which reached the finals of the 2000 edition of the Saatchi & Saatchi Prize for Innovation in Communication. A monograph dedicated to them with the title *Hariri & Hariri: Work in Progress* was published in 1995 by The Monacelli Press.

Choi Jeong-hwa

Nato a Seoul nel 1961, usa nel suo lavoro un ampio spettro di media, tra cui monitor video, animali in plastica modellata, cibo vero e falso, luci e fili. Ispirato dal caotico formicolio dei mercati locali all'aperto, il suo lavoro guarda ai tentativi da parte dei musei di conservare l'arte in un mondo che costantemente cambia e decade.

La sua attività professionale, iniziata nel 1998 con la partecipazione alla mostra *Seamless,* presso la galleria De Appel di Amsterdam, è continuata intensamente negli anni. Fra le mostre collettive più importanti ricordiamo *Slowness Speed*, alla National Gallery of Victory di Melbourne (1999), *Let's entertain*, al Centre Pompidou di Parigi (2000), *Lunapark* a Stoccarda (2001), *Happy Together*, al Kagoshima Open Air Museum (2002). Ha partecipato con mostre personali alla XXVI Biennale di Sao Paulo (1998), alla Triennale di Yokohama (2001), alla Biennale di Gwangju (Corea, 2001), alla Biennale di Lyon (2003) e alla Biennale di Liverpool (2004).

Born in Seoul in 1961, he uses a wide range of mediums, including video screens, modeled plastic animals, real and fake food, lights and wires. Inspired by chaotic and teeming, local open-air markets, his work observes the attempts made by museums to preserve art in a world that is constantly changing and decaying.

His professional career, which began in 1998 when he took part in the exhibition *Seamless* at the De Appel Gallery in Amsterdam, has continued to be busy. Among his most important group exhibitions we recall: *Slowness Speed* at the National Gallery of Victory in Melbourne (1999), *Let's Entertain* at the Centre Pompidou in Paris (2000), *Lunapark* in Stuttgart (2001), *Happy Together* at the Kagoshima Open Air Museum (2002). He has held solo exhibitions at the twenty-sixth São Paulo Bienal (1998), the Yokohama Triennial (2001), the Gwangju Biennial (Corea, 2001), the Lyon Biennial (2003) and the Liverpool Biennial (2004).

Bardi Johannsson

È un Islandese schiavo del lavoro. Dopo aver studiato per un anno lingua e grammatica islandese all'Università d'Islanda, ha iniziato la carriera di giornalista per la più importante rivista popolare islandese *Seen and heard,* ma l'ha presto interrotta per studiare moda alla School of FB in Islanda. Questa attività durò un anno, finché il suo hobby – la musica – prese il sopravvento. Dopo aver lavorato su diversi progetti come musica per film e motivi per la TV, completò il suo primo disco con il nome Bang Gang. Il disco ottenne critiche favorevoli in Francia e in Islanda (dove era stato pubblicato). In seguito Bardi decise di tentare altre strade e si dedicò alla produzione del primo programma televisivo erotico in Islanda, che ottenne fin dall'inizio, sul canale Skjar Einn, i più alti indici di ascolto. Pur continuando a comporre musica, diede inizio a un programma radiofonico giornaliero, che durò un anno ed ebbe grande successo. Il suo secondo programma televisivo, *Konfect*, divenne la serie televisiva meno comprensibile nella storia della TV islandese. La rete televisiva continuò a ricevere infinite lamentele, perché il programma era considerato troppo surreale e brutale. Ora tuttavia esso è un programma *cult*. Il suo successivo maggior impegno nella musica comportò la nascita di nuove canzoni per alcuni artisti islandesi, del suo secondo disco come Bang Gang e di un altro progetto dal titolo *Lady and Bird*, con la cantante Keren Ann, con cui scrisse anche il libro *Lady and Bird Recording Diary*, distribuito anche a Parigi e ormai introvabile. Nel 2004 gli è stato assegnato un premio dal Reykjavik Artfund. Attualmente Bardi sta lavorando a una composizione – che l'Orchestra Nazionale d'Islanda eseguirà nel febbraio 2005 – per un film muto del 1922, dal titolo *Haxan*, nonché al suo terzo album.

Toshiyuki Kita

He is an Icelandic workaholic. After studying Icelandic language and grammar at the University of Iceland he began his career as a journalist on the most important popular Icelandic magazine *Seen and Heard*, but soon left to study fashion at the School of FB in Iceland. This lasted a year until his hobby, music, gained the upper hand. After working on various projects such as film music and TV theme tunes, he made his first record under the name Bang Gang. The record received favorable reviews in France and in Iceland (where it was released). Afterwards, Bardi decided to explore other avenues and threw himself into the production of Iceland's first erotic television program on the Skjar Einn channel, which, right from the start, got the highest ratings. Though continuing to compose music, he launched a daily radio program that ran for a year and met with huge success. His second television program, *Konfect*, became the least understood television series in the history of Icelandic television. The television network continued to receive complaints, as the program was considered to be too surreal and brutal. Now, however, it is a cult program. His next major musical effort produced new songs for some Icelandic artists, his second record as Bang Gang and another project entitled *Lady and Bird* with singer Keren Ann, with whom he also wrote the book *Lady and Bird Recording Diary*, also distributed in Paris and now extremely rare. In 2004 he was awarded a prize by the Reykjavik Artfund. Currently, Bardi is working on a composition that the National Orchestra of Iceland will perform in February 2005 for a silent film of 1992 entitled *Haxan*, as well as his third album.

Nato a Osaka, ha cominciato la sua carriera di designer d'esterni, d'interni e industriale in Giappone, trasferendosi a Milano nel 1969. Ha creato numerosi prodotti di successo per ditte italiane, tedesche e giapponesi. Ha ricevuto numerosi premi prestigiosi, quali il Japan Interior Designers Association Award (1975), il Product Design Award statunitense (1983) e il Mainichi Design Award (1985). Molti dei suoi lavori sono stati scelti per le collezioni permanenti di importanti musei internazionali, quali il Museum of Modern Art di New York, il Centre George Pompidou di Parigi e il Museum für Kunst und Gewerbe di Amburgo. Ha esposto le sue opere a Barcellona, Vienna, Helsinki, Milano, Singapore, Francoforte, etc. Ha pubblicato *Movement As Concept* (1990) e *Washi and Urushi Reinterpretation of Tradition*(1999).

Born in Osaka, he began his career as an interior and exterior industrial designer in Japan, moving to Milan in 1969. He has created numerous successful products for Italian, German, and Japanese companies. He was awarded numerous prestigious prizes, such as the Japan Interior Designers Association Award (1975), the American Product Design Award (1983), and the Mainichi Design Award (1985). Many of his works have been chosen for the permanent collections of important international museums such as the New York Museum of Modern Art, the Centre George Pompidou in Paris and the Museum für Kunst und Gewerbe in Hamburg. He has exhibited his work in Barcelona, Vienna, Helsinki, Milan, Singapore, Frankfurt, and elsewhere. He has published *Movement As Concept* (1990) and *Washi and Urushi Reinterpretation of Tradition* (1999).

Gianluca Lerici alias Prof. Bad Trip

Gianluca Lerici (Professor Bad Trip) si è costruito, senza volerlo peraltro, un'indiscussa fama internazionale come disegnatore (e poi pittore), partendo da T-shirt autonomamente fabbricate, partecipazioni a gruppi post-punk, collaborazioni con foglietti e riviste *off* e meno *off* di tutta Italia e di mezzo pianeta.

Egli dà vita a una incredibile mescolanza di soluzioni tecniche e di culture visive: ascendenze "hard core", deliri psichedelici, cut up, ritmi tecno, allucinazioni centro americane, tutto si è fuso nelle diverse mostre e pubblicazioni: *Blood Runner*, *Starship*, *Robota*, *Psyconautica*, *Il Pasto Nudo*, *Alter Vox*, *Double Dose*, *Bad Mutants*, *La Bestia*.

Suoi disegni sono apparsi in Primo Carnera, Stampa Alternativa, Shake, Comicland, Bizarre. Collabora regolarmente con Mondadori, Monguzzi, Simon & Schuster e altri.

Come dice Carlo Branzaglia, "Lerici è uno di quegli operatori che pesano nell'immaginario collettivo più di quanto non sembri, perché la sua personalissima cifra visuale non può essere adattata direttamente, ma finisce (e ha finito) per suggerire opzioni, soluzioni, intuizioni destinate a essere riprese in piccole dosi da esegeti più o meno coinvolti nella sua linea espressiva."

Gianluca Lerici (Professor Bad Trip) has achieved, not deliberately by the way, undisputed international fame as a designer (and then artist), starting with T-shirts he made himself, playing in post punk bands, working on more or less alternative manifestos and magazines all over Italy and in half the countries on the planet.

He generates an incredible mix of technical solutions and visual cultures, "hard core" roots, psychedelic ravings, cut up, techno rhythms, Central American hallucinations, all fused in various exhibitions and publications: *Blood Runner*, *Starship*, *Robota*, *Psyconautica*, *Il Pasto Nudo*, *Alter Vox*, *Double Dose*, *Bad Mutants*, *La Bestia*.

His drawings have appeared in *Primo Carnera*, *Stampa Alternativa*, *Shake*, *Comicland*, *Bizarre*. He works regularly with Mondadori, Monguzzi, Simon & Schuster, and others.

As Carlo Branzaglia says, "Lerici is one of those artists who trouble the collective imagination more than he appears to, because his very personal visual style cannot be modified, but ends (and has ended) by suggesting options, solutions, insights destined to be picked up on in small quantities by exegetes who are involved to a greater or lesser extent in his expressive style."

Alessandro Mendini

Architetto, è nato a Milano nel 1931. Ha diretto le riviste *Casabella*, *Modo* e *Domus*. Sul suo lavoro e su quello compiuto con lo studio Alchimia sono uscite monografie in varie lingue.

Realizza oggetti, mobili, ambienti, pitture, installazioni, architetture. Collabora con compagnie internazionali come Alessi, Philips, Cartier, Swatch, Hermès ed è consulente di varie industrie, anche nell'Estremo Oriente, per l'impostazione dei loro problemi di immagine e di design.

È membro onorario della Bezalel Academy of Arts and Design di Gerusalemme. Nel 1979 e nel 1981 gli è stato attribuito il Compasso d'oro per il design; è Chevalier des Arts et des Lettres in Francia e ha ricevuto l'onorificenza dell'Architectural League di New York.

È stato professore di design alla Hochschule für Angewandte Kunst a Vienna. Suoi lavori si trovano in vari musei e collezioni private.

Nel 1989 ha aperto, assieme al fratello Francesco, l'Atelier Mendini a Milano, progettando le Fabbriche Alessi a Omegna, la nuova piscina olimpionica a Trieste, alcune stazioni di metropolitana e il restauro della Villa Comunale a Napoli, una torre a Hiroshima in Giappone, il Museo di Groningen in Olanda, un quartiere a Lugano in Svizzera, il palazzo per gli uffici Madsack ad Hannover, un palazzo Commerciale a Lörrach in Germania e altri edifici in Europa e in U.S.A.

Mimmo Paladino

He is an architect born in Milan in 1931. He has directed the magazines *Casabella*, *Modo* and *Domus*. Monographs in various languages have been published on his work and the work he produced for the Alchimia Studio.

He produces objects, furniture, environments, paintings, installations, architecture. He works with international companies such as Alessi, Philips, Cartier, Swatch, Hermés and is also a consultant to various industries in the Far East on issues of image and design.

He is an honorary member of the Bezalel Academy of Arts and Design of Jerusalem. In 1979 and 1981 he was awarded the Compasso d'Oro for design. In France he is Chevalier des Arts et des Lettres and has been decorated by the Architectural League of New York.

He was Professor of Design at the Hochschule für Angewandte Kunstin in Vienna. His works may be found in various museums and private collections. In 1989 he opened Atelier Mendini with his brother Francesco in Milan, designing Fabbriche Alessi in Omegna, the new Olympic swimming pool in Trieste, some subway stations and the restoration of the Villa Comunale in Naples, a tower in Hiroshima in Japan, the Museum of Groningen in Holland, a neighborhood of Lugano in Switzerland, the Madsack office building in Hanover, a trade building in Lörrach, Germany and other buildings in Europe and the United States.

Nato nel 1948, tiene a Napoli la sua prima mostra importante, presentata da Achille Bonito Oliva. Inizia di lì una carriera professionale che lo impone all'attenzione di pubblico e critica in tutto il mondo. Nel 1980 partecipa alla sezione *Aperto '80*, della Biennale di Venezia, e nel 1982 a *Documenta 7*, a Kassel. Nel 1985 viene organizzata la prima retrospettiva del suo lavoro a Monaco di Baviera e nel 1992 realizza l'installazione permanente *Hortus Conclusus* a Benevento. Dopo la grande mostra personale al Forte Belvedere di Firenze, nel 1994 diventa il primo artista contemporaneo italiano a tenere una mostra in Cina, alla Galleria Nazionale di Belle Arti di Pechino. L'eccellenza del suo lavoro viene riconosciuta anche dalla Royal Academy di Londra, che nel 1999 lo insignisce del titolo di Membro Onorario, mentre nel 2002 il Centro per l'Arte Contemporanea Luigi Pecci di Prato gli dedica la più completa retrospettiva organizzata da un museo italiano. Le sue opere sono conservate in collezioni pubbliche e private in Europa e America.

Born in 1948, he held his first important exhibition in Naples, presented by Achille Bonito Oliva. This was the beginning of a professional career that placed him at the center of attention of public and critics the world over. In 1980 he exhibited in the section *Aperto '80* of the Venice Biennale and in 1982 at Documenta 7 in Kassel. In 1985 the first retrospective of his work was set up in Munich and in 1992 he produced the permanent installation *Hortus Conclusus* in Benevento. After his large solo exhibition at Forte Belvedere in Florence in 1994 he became the first contemporary Italian artist to hold an exhibition in China, at the Fine Arts National Gallery in Beijing. The excellence of his work has also been recognized by the London Royal Academy, which in 1999 bestowed upon him the title of Honorary Member, while in 2002 the Centro per l'Arte Contemporanea "Luigi Pecci" in Prato dedicated the most complete retrospective ever organized by an Italian museum to him. His works are housed in public and private collections in Europe and America.

Vinko Penezić
& Krešimir Rogina

Vinko Penezić (nato a Zagabria, in Croazia, nel 1959) e Krešimir Rogina (nato a Fiume, in Croazia, nel 1959) lavorano insieme dal 1979.

Ambedue si sono laureati presso la Scuola di Architettura di Zagabria, specializzandosi a Belgrado, dal 1983 al 1990, con il Prof. Ranko Radović.

Nel 1991 fondano lo studio *PENEZIĆ& ROGINA ARCHITECTS*.

Hanno vinto numerosi premi in Giappone nel 1984, nel 1990, nel 1995, nel 1996, nel 1999 e nel 2001. Hanno poi ottenuto la medaglia d'argento alla INTERARH World Biennale di Sofia nel 1987, il Grand Prix al Salone di Architettura di Belgrado nel 1988, il Vladimir Nazor National Award for Architecture nel 2002.

Hanno partecipato, come rappresentanti ufficiali della Croazia, alla Biennale di Venezia 2000, con la mostra *Transparecy of Hypereal,* e, su invito del Direttore Kurt W. Foster, alla Biennale di Venezia 2004 con la mostra *Absolute Internet.*

Fra i loro lavori più importanti si annoverano il Mladost Swimming Pool and Athletic Stadium a Zagabria (1987 e 1999), i Complessi Sacrali a Dubrovnik e a Zagabria, il Centro abitativo sociale per le vittime della guerra a Vukovar (2002) e Nova Gradiška (2003).

Fra le pubblicazioni a loro dedicate si ricordano il volume *PENEZIĆ & ROGINA 59-79-04*, Zagabria, 2004; il saggio di Paola Gregory: *NEW SCAPES, IT Revolution in Architecture*, Birkhäuser, 2003 e i cataloghi *LESS AESTHETICS, MORE ETICS,* Venezia, 2000 e *METAMORPH*, Venezia, 2004.

Vinko Penezić (born in Zagreb, Croatia, in 1959) and Krecimir Rogina (born in Rijeka, Croatia, in 1959) have worked together since 1979.

Both graduated from the Zagreb School of Architecture, specializing in Belgrade, from 1983 to 1990, with Professor Ranko Radović

In 1991 they founded the studio PENEZIĆ& ROGINA *architects*.

They won numerous awards in Japan in 1984, 1990, 1995, 1996, 1999 and 2001. They also won a silver medal at the INTERARH World Biennial in Sofia in 1987, the Grand Prix at the Belgrade Salon of Architecture in 1988, and the Vladimir Nazor National Award for Architecture in 2002.

They were the official Croatian representatives at the 2000 Venice Biennale with their exhibition *Transparecy of Hypereal*, and were invited by Director Kurt W. Foster to show *Absolute Internet* at the 2004 Venice Biennale.

Their most important works include the Mladost Swimming Pool and the Athletic Stadium in Zagreb (1987 and 1999), the Sacral Complexes in Dubrovnik and Zagreb, the social housing for war victims in Vukovar (2002) and Nova Gradiška (2003).

Publications about their work include: *PENEZIĆ& ROGINA 59-79-04* (Zagreb: 2004); an essay by Paola Gregory, *NEW SCAPES, IT Revolution in Architecture* (Birkhäuser: 2003); catalogues *LESS AESTHETICS, MORE ETICS* (Venice: 2000) and *METAMORPH* (Venice: 2004).

Gaetano Pesce

Architetto, artista e designer con base a New York, si è occupato di architettura, urbanistica, design di interni e di mostre, design industriale ed editoriale. Ha lavorato su progetti pubblici e privati (residenze, giardini, uffici) negli Stati Uniti, in Europa, nell'America Latina e in Asia.

Nato a La Spezia nel 1939, ha studiato architettura all'Università di Venezia. Ha vissuto a Padova, Venezia, Londra, Helsinki, Parigi e, dal 1980, a New York. Ha tenuto lezioni e conferenze presso le più prestigiose istituzioni internazionali ed è membro dell'Institut d'Architecture et d'Etudes Urbaines a Strasburgo.

Fra i suoi progetti più famosi si ricordano quello per Les Halles a Parigi (1979), per la ristrutturazione della fabbrica Fiat Lingotto a Torino (1983), l'Organic Building a Osaka (1993), la Gallery Mourmans in Belgio e la residenza Shuman a New York (1994).

I suoi lavori sono stati esposti in una grande retrospettiva al Centre George Pompidou di Parigi nel 1996 e sono presenti nelle collezioni permanenti di importanti musei a Parigi, in Finlandia, in Italia, in Portogallo, in Gran Bretagna e negli Stati Uniti.

Alla sua produzione vengono riconosciute qualità emotive e tattili, un ampio uso del colore e un'insistenza su materiali di costruzione innovativi, sviluppati attraverso nuove tecnologie.

Ettore Sottsass

He is an architect, artist and designer based in New York, and has turned his hand to architecture, urban planning, interior and exhibition design, industrial and editorial design. He has worked on public and private projects (condominiums, parks, offices) in the United States, Europe, Latin America and Asia.

Born in La Spezia in 1939 he studied architecture at the University of Venice. He has lived in Padua, Venice, London, Helsinki, Paris, and since 1980, New York. He has held lectures and conferences at the most prestigious international institutions and is a member of the Institut d'Architecture et d'Etudes Urbaines in Strasbourg.

His most famous projects include Les Halles in Paris (1979), the renovation of the FIAT Lingotto factory in Turin (1983), the Organic Building in Osaka (1993), the Gallery Mourmans in Belgium and the Shuman residence in New York (1994).

His works were exhibited in a large retrospective at the Centre George Pompidou in Paris in 1996 and are part of the permanent collections of important museums in Paris, Finland, Italy, Portugal, Great Britain and the United States.

His work is recognized for its emotive and tactile qualities, an extensive use of color and an insistence on innovative building materials, developed using new technologies.

Nasce a Innsbruck, in Austria, nel 1917. Si laurea in architettura al Politecnico di Torino nel 1939. Nel 1947 apre a Milano uno studio professionale dove si occupa di progetti di architettura e di design. In parallelo con la sua produzione progettuale sviluppa la sua attività culturale, partecipando a diverse edizioni della Triennale di Milano ed esponendo in mostre collettive e personali in Italia e all'estero. Nel 1958 inizia la sua collaborazione con Olivetti come consulente per il design, collaborazione che durerà per oltre trent'anni e che gli frutterà tre Compassi d'Oro per il design. Ha disegnato tra l'altro, nel 1959, il primo calcolatore elettronico italiano, e in seguito varie periferiche e macchine per scrivere elettriche e portatili come *Praxis*, *Tekne*, e *Valentina*. Dopo un lungo giro di conferenze nelle università inglesi, nel 1976 gli é stata conferita la laurea *honoris causa* dal Royal College of Art di Londra. Nel 1981 ha dato inizio, con collaboratori, amici e architetti di fama internazionale al gruppo Memphis, che è diventato in breve il simbolo del "nuovo design" e un riferimento per le avanguardie contemporanee. Un anno dopo ha fondato lo studio Sottsass Associati con il quale prosegue la sua attività di architetto e designer. Sue opere e progetti fanno parte delle collezioni permanenti di importanti musei di vari paesi, come: Museum of Modern Art di New York, Metropolitan Museum di New York, Centre Georges Pompidou di Parigi, Musée des Arts Décoratifs di Parigi, Victoria & Albert Museum di Londra, Musée des Arts Décoratifs di Montreal, Israel Museum di Gerusalemme, National Museum di Stoccolma, etc.

He was born in Innsbruck, Austria, in 1917 and graduated in architecture from the Politecnico of Turin in 1939. In 1947 he opened a professional studio in Milan where he worked on architecture and design projects. His artistic activity kept pace with his design work and he took part in various editions of the Milan Triennale and also had group and solo exhibitions in Italy and abroad. In 1958 he began to work with Olivetti as a design consultant. This partnership lasted over thirty years and won three Compasso d'Oro awards for design. His designs included the first Italian electronic calculator in 1959, followed by various peripheral units and electrical and portable typewriters such as Praxis, Tekne, and Valentina. After a lengthy round of conferences in British universities, in 1976 he was awarded an *honoris causa* degree by the London Royal College of Art. In 1981 he set up the Memphis Group with partners, friends and internationally renowned architects. This was soon to become the symbol of "new design" and a reference for contemporary avant-garde movements. One year later he founded the studio Sottsass Associati where he continued to work as an architect and designer. His works and projects are part of the permanent collections of important museums in many countries, such as: the New York Museum of Modern Art, the Metropolitan Museum of New York, the Centre Georges Pompidou in Paris, the Musée des Arts Décoratifs in Paris, the Victoria & Albert Museum in London, the Musée des Arts Décoratifs in Montreal, the Israel Museum in Jerusalem, the National Museum of Stockholm, and elsewhere.

Jimi Tenor

Finlandese, ha preso questo pseudonimo perché il sax tenore è il suo strumento preferito e perché assomigliava da bambino al cantante Jimmy Osmond. Dal 1989 al 1992 ha fatto quattro album con i suoi Shamans, un gruppo molto poco commerciale. Il rumore che facevano battendo sui bidoni vuoti e altri oggetti gli portò, triste a dirsi, poco successo. Andatosene dalla Finlandia, approdò, via Portogallo, a Berlino, dove incise il suo ultimo disco con gli Shamans, prima di abbandonare la musica per un po'. Se ne andò a New York, dove divenne fotografo di turisti sulla cima dell'Empire State Building, dedicandosi la notte a foto più creative. Girò inoltre film davvero strani. Intanto anche il suo stile musicale cambiò e nel 1994 incise il suo primo album da solista (*Sähkömies*), in cui adottò un jazz rilassato e ironico. Dopo un tour europeo e l'incontro con Steve Beckett, il nuovo disco *Intervision* (1997) divenne un grande successo internazionale e a esso seguirono *Organism* (1999), *Out of Nowhere* (2000), *Cosmic Relief* e *Utopian Dream* (2001), *Higher Planes* (2003) e *Beyond the Stars* (2004).

Born in Finland, he took this alias because the tenor sax is his favorite instrument and because he looked like the singer Jimmy Osmond when he was a little boy. Between 1989 and 1992 he made four albums with the Shamans, a band that was very hard to find a market for. The noise they made beating empty dustbins and other things sadly did not bring him much success. Leaving Finland he ended up, via Portugal, in Berlin where he cut his last record with the Shamans before giving up music for awhile. He went to New York where he became a photographer taking pictures of tourists on top of the Empire State Building, dedicating his nights to more creative photography. He also made some truly weird films. In the meantime his musical style had also changed and in 1994 he cut his first solo album (*Sähkömies*), in which he plays sardonic and easy jazz. After a European tour and meeting Steve Beckett, his new record *Intervision* (1997) became a huge international hit and was followed by *Organism* (1999), *Out of Nowhere* (2000), *Cosmic Relief* and *Utopian Dream* (2001), *Higher Planes* (2003) and *Beyond the Stars* (2004).

Patrick Tuttofuoco

Nato a Milano nel 1974, dove attualmente vive e lavora, Patrick Tuttofuoco è uno tra i più interessanti giovani artisti emergenti del momento. A partire dal 2000, a seguito della sua prima mostra personale presso la Galleria Guenzani di Milano, il suo lavoro è stato oggetto di un interesse costantemente crescente da parte di critici, curatori e collezionisti internazionali. Nello stesso anno opere di Tuttofuoco sono state pubblicate all'interno di *Espresso. Arte Oggi in Italia*, edito da Electa; *Fatica Sprecata*, Art Book Edizioni; *L'Art dans le monde 2000*, Paris Musées de Beaux-Artes. L'artista ha partecipato a diverse esposizioni collettive a livello internazionale tra cui la I Quadriennale di Arte Contemporanea tenutasi presso lo Stedelijk Museum voor Aktuelle Kunst di Gent, *Le Rire d'Echo* presso il Centre d'Art Contemporain di Ginevra, *Hops!* all'interno del Festival di Visual e Performing Arts, Link di Bologna. Al Centro nazionale per le arti contemporanee, Patrick Tuttofuoco presenta il suo video *Boing*, 2001, un viaggio immaginario attraverso lo spazio virtuale del computer, realizzato in collaborazione con un gruppo di amici artisti quali capsule propulsive (o palline del flipper) della posta pneumatica attraverso i percorsi e le autostrade del Net. Oltre ad altre numerose mostre collettive a Londra, Milano, Parigi, Kanazawa e San Sebastian, è del 2004 la personale *My private-2* a Milano.

Ciboh

Nasce a Milano nel 2003 ed è composto da Silvia Barna, Natascia Fenoglio e Alessandra Pallotta.
Il progetto è stato presentato per la prima volta a Milano, all'inizio del 2004.
In seguito, al Salone del Mobile, il gruppo ha organizzato *Nipple*, un evento indipendente sul territorio.
È seguito *Banqueting Design*, per l'evento *Acrobazie* a San Colombano e in seguito per *Fornarina Vibe* a Milano. È stata poi eseguita una Performance per TIP, alla Fondazione Sandretto Re a Rebaudengo, Torino e quella per *Artissima*. Sono infine da ricordare la collaborazione con Patrick Tuttofuoco a Kanazawa, la *Scena creativa* alla Triennale di Milano e *Supermart* a Perth in Australia

Born in 1974 in Milan where he currently lives and works, Patrick Tuttofuoco is one of the most interesting young emerging artists of the moment. Starting in 2000, in the wake of his first solo exhibition at the Galleria Guenzani in Milan, his work has received increasing attention from international critics, curators and collectors. In the same year some of Tuttofuoco's works were published in *Espresso. Arte Oggi in Italia*, published by Electa; *Fatica Sprecata*, Art Book Edizioni; *L'Art dans le monde 2000*, Paris Musées des Beaux-Artes. The artist has taken part in various group exhibitions on an international level including the *Contemporary Art Quadrennial* at the Stedelijk Museum voor Aktuelle Kunst in Ghent, *Le Rire d'Echo* at the Centre d'Art Contemporain of Geneva, *Hops!* at the Festival of Visual and Performing Arts, Link of Bologna. At the Centro nazionale per le arti contemporanee Patrick Tuttofuoco presented his video *Boing, 2001*, an imaginary voyage through the virtual space of a computer, made with a group of artist friends as propulsive capsules (or flipper balls) of pneumatic post along the routes and highways of the Net. As well as numerous other group exhibitions in London, Milan, Paris, Kanazawa and San Sebastian, he held a solo exhibition in Milan entitled *My private-2* in 2004.

Ciboh

Founded in 2003 and composed of Silvia Barna, Natascia Fenoglio, and Alessandra Pallotta.
Their project was first presented in Milan at the beginning of 2004.
Following this, the group organized *Nipple*, an independent event at the Salone del Mobile.
Banqueting Design was next, at the *AcrobazieE* event in San Colombano and then at *Fornarina Vibe* in Milan.
Then there was a Performance for TIP, at the Fondazione Sandretto Re in Rebaudengo, Turin and at *Artissima*.
Finally, we recall their work with Patrick Tuttofuoco at Kanazawa, *Scena creativa* at the Triennale in Milan and *Supermart* in Perth, Australia.

UN Studio

Nel 1988 Ben van Berkel, insieme a Caroline Bos, fondò uno studio di architettura ad Amsterdam, che realizzò, fra altri progetti, il palazzo per uffici Karbouw, il ponte Erasmus a Rotterdam, il Museo Het Valkhof a Nijmegen, la casa di Moebius e le strutture del NMR per l'Università di Utrecht. Nel 1998 Ben van Berkel e Caroline Bos fondarono una nuova azienda, l'UN Studio (United Net). UN Studio si presenta come una rete di specialisti in architettura, sviluppo urbanistico e infrastrutture.

Progetti in corso sono la ristrutturazione dell'area della stazione ferroviaria di Arnhem, un nuovo Museo Mercedes Benz a Stoccarda (Germania), un teatro musicale a Graz (Austria) e il disegno e la ristrutturazione del Ponte Parodi al porto di Genova.

Ben van Berkel ha tenuto conferenze e lezioni in molte scuole di architettura nel mondo. Attualmente è Docente di Design Concettuale alla Staedelschule di Francoforte sul Meno.

Il punto centrale del suo insegnamento è un approccio integrato ai lavori architettonici, che includa l'organizzazione virtuale e materiale e che gestisca le costruzioni.

Fra le pubblicazioni dedicate al suo lavoro, ricordiamo: *Ben van Berkel*, 010 Publishers, Rotterdam, 1992; *Ben van Berkel*, in *El Croquis* 72.I, Madrid, May 1995; *UNFold*, NAi Publishers, Rotterdam, 2002; *Love it Live it*, in *DD* magazine, Seoul, April 2004.

In 1988 Ben van Berkel, with Caroline Bos, founded an architect studio in Amsterdam that produced the project for the Karbouw office building, the Erasmus bridge in Rotterdam, the Het Valkhof Museum in Nijmegen, Moebius' house and the NMR structures for the University of Utrecht. In 1998 Ben van Berkel and Caroline Bos founded a new company, UN Studio (United Net). UN Studio describes itself as a network of specialists in architecture, urban planning and infrastructures. Work in progress includes the renovation of the Arnhem train station area, a new Mercedes Benz Museum in Stuttgart (Germany), a concert hall in Graz (Austria), and the design and renovation of the Ponte Parodi at the port of Genoa.

Ben van Berkel has held conferences and lectures in many schools of architecture around the world. He is currently Professor of Conceptual Design at the Staedelschule in Frankfurt am Main.

The crux of his teaching is an integrated approach to architectural works, including the virtual and material organization and the handling of building works.

Publications about his work include: *Ben van Berkel* (Rotterdam: 010 Publishers, 1992); *Ben van Berkel*, in *El Croquis* (Madrid: May 1995, 72.I); *UNFold* (Rotterdam: NAi Publishers, 2002); *Love it Live it*, in *DD Magazine* (Seoul: April 2004).

Makoto Sei Watanabe

È nato a Yokohama, in Giappone, nel 1952. Si è laureato in Architettura presso l'Università Nazionale di Yokohama nel 1976. È stato collaboratore dello studio Arata Isokazi & Associates fin dal 1979.

Nel 1984 fonda la Makoto Sei Watanabe/ Architect's Office. Ha tenuto lezioni e conferenze presso la Denki University di Tokyo, presso la Housei University e presso la National University di Yokohama.

I suoi principali progetti architettonici comprendono l'Aoyama Technical College a Tokyo, la Mura-No-Terrace a Gifu, l'edificio per abitazioni Atlas, il K-Museum e la Stazione per la Metropolitana, ancora a Tokyo. Inoltre ha progettato la Shin Minamata Station a Kumamoto e la Shangi House a Shangi (Cina).

Il suo lavoro ha ottenuto premi e riconoscimenti, come l'ASLA (American Society of Landscape Architects) Professional Award nel 1997, il Gold Prize of Good Design Award nel 2001, il Prize of AIJ nel 2002.

Fra le pubblicazioni a lui dedicate ricordiamo la monografia *Makoto Sei Watanabe*, edita da Arcaedizioni nel 1998, la monografia giapponese *Kentiku wa yawarakai kagaku ni tikazuku*, nel 2002 e il volume *Induction Design*, pubblicato a Birkhauser in Svizzera nel 2002, apparso anche in edizione italiana nel 2004.

Peter Wilson

Born in Yokohama in 1952. He graduated in Architecture at the National University of Yokohama in 1976. He worked for the studio Arata Isokazi & Associates until 1979.

In 1984 he founded the Makoto Sei Watanabe/Architect's Office. He has held lectures and conferences at the Denki University of Tokyo, the Housei University, and the National University of Yokohama.

His major architectural projects include the Aoyama Technical College in Tokyo, the Mura-No-Terrace in Gifu, the residential building Atlas, the K-Museum and the Metropolitan station, again in Tokyo. He also designed the Shin Minamata Station in Kumamoto and the Shangi House in Shangi (China).

His work has won awards and prizes, such as the ASLA Professional Award in 1997, the Gold Prize of Good Design Award in 2001, the AIJ Prize in 2002.

Publications on his work include the monograph *Makoto Sei Watanabe*, published by Arcaedizioni in 1998, the Japanese monograph *Kentiku wa yawarakai kagaku ni tikazuku*, in 2002, and the volume *Induction Design*, published in Birkhauser in Switzerland in 2002, which also appeared in Italian translation in 2004.

È nato a Melbourne, in Australia. Ha compiuto gli studi di Architettura presso l'Università di Melbourne e presso l'Architectural Association di Londra, laureandosi nel 1974 e divenendo, l'anno dopo, assistente di Elia Zenghelis e Rem Koolhaas. Ha tenuto lezioni e conferenze a Berlino, Tokyo, Amsterdam, Barcellona, Venezia, Rotterdam, etc. Nel 1980 fonda, con la moglie Julia B. Bolles-Wilson, la Wilson Partnership con sede a Londra. Nel 1989 lo studio si trasferisce a Münster, in Germania, con il nome Architekturbüro Bolles+Wilson, che nel 2002 è divenuto Bolles+Wilson GmbH & Co.

Fra i lavori più noti si ricordano la Blackburn House a Londra (1988), The Ninja, che vinse il primo premio alla competizione di Shinkenchiku nel 1989, la Suzuki House a Tokyo (1993), la Biblioteca Civica e il Centro di Ricerca Technologiehof a Münster (1993), la Torre di Controllo del Ponte di Wilhelminakade e l'Albeda College a Rotterdam (1998), il Brink Centre ad Hengelo (1999) e il New Luxor Theatre, ancora a Rotterdam, nel 2001.

He was born in Melbourne, Australia. He studied architecture at the University of Melbourne and at the Architectural Association of London, graduating in 1974 and becoming the assistant of Elia Zenghelis and Rem Koolhaas the following year.

He has held lectures and conferences in Berlin, Tokyo, Amsterdam, Barcelona, Venice, Rotterdam, and elsewhere.

In 1980 he founded with his wife Julia B. Bolles-Wilson, the Wilson Partnership, based in London. In 1989 the studio moved to Münster, Germany, with the name Architekturbüro Bolles+Wilson which, in 2002, became Bolles+Wilson GmbH & Co.

His most well-known projects include the Blackburn House in London (1988), The Ninja, which won first prize in the Shinkenchiku competition in 1989, the Suzuki House in Tokyo (1993), the Civic Library and Research Center Technologiehof in Münster (1993), the bridge control tower of Wilhelminakade and the Albeda College in Rotterdam (1998), the Brink Center in Hengelo (1999), and the New Luxor Theater, again in Rotterdam, in 2001.

DEVENDRA BANHART

segue da p./continued from pg 30

qualche ragazzo figlio di genitori famosi ci ha dato come patetico regalo d'addio. Ma in tutto questo patetismo c'è bellezza... ci vuole solo l'occhio empatico per far brillare il suo splendore e rifletterlo sul mondo. Così stanno le cose, amico.

My understanding of the word "empathy" is that you truly and deeply feel the emotional sprit of other human beings. By this definition, Duder-ino Banhart-Crow is one of the most empathetic people I've ever known. I'm telling you the kid is a pure golden beauty. His heart is an open, soft place; his eyes and voice and his very spirit glow with the kind of empathetic love that shows that the soul of a person cannot be judged by the weathering of the skin through age and exposure, but is instead somehow found within us, glowing, latent, waiting for us to embrace it. It's just that for whatever reason the floodgates are open now and here and with him, and we get to feel the warmth and shine and glow. That power to ignite the internal glowing spirit that lays dormant within us all. That power to accept the golden spirit of life and let it run free and billow out and touch every living creature with light. Wild laughter singing free with the animals, trees, and crystals and it echoes in the high desert canyons and in the hollow city streets and dark cafés and college dorm rooms (all bongs and Marley posters and laundry detergent boxes and iPods) and everywhere in between. Every living thing holding the glow that brings us to the true nature of life itself, or some such shit.

Devendra hides and hums and whistles and kisses and spits and shits and writes and sings and breathes and touches and stains. Mother earth below his feet. Spirit and eternity, the infinite and the Internet, all new age soul searching and billows of foggy vapors of wisdom up above and through us all. To tap into such core vibrational power is no small task. The reed flexes with the wind and does not break. The homeless wizard finds invisibility and strength in a tattered and stained old cloak. Each stitch is woven with the power of eternal light and love and wisdom. He hides light in his stinky old beard. A healthy crow follows you for a quarter mile, stares and caws. You find yourself sitting next to a hopie woman on the plane. I've known Devendra through many strange and boring circumstances. None of which matter in the least. The soft hand is always known to weary searchers. The warm glowing heart (of empathetic love and universal understanding) is an unguarded light that flows freely through us

all. Does he see the golden lasers flowing through his hands and heart and mouth? Onto paper and into microphones and out loudspeakers and over the ether-inter oracle into our eyes and ears and minds and through us back out into the eternal wonderful silence of infinite wisdom? Do you know that you and every breathing piece of matter on this planet in this universe holds and releases and spreads and stains with such laser glowing light? Do I? Does he? Do longhaired dudes with facial hair and mysteriously ethnic looks have more fun? Is this Will Ferrell in the comedy smash *Zoolander*? Is this "Derelique" Couture? *Matrix Reloaded*? *Rush Hour 2*? Does the blood of the slaughtered natives of this continent soak our Collective Soul (yeah)? Are we one step closer to God or Truth or Beauty? Will the eternally trampled shaman's spell cast through us all, dooming us to a life of complicated ironies, chaining us to and blinding us with our speed and technology? Have you ever sung along to Zuma while showering in the dingy apartment bathroom of a grad student on a full ride from the anthropology department? I mean what the fuck is primitivism if not the sad cries of the guilty conqueror and his raped, bleeding victims combined and spit out for us to gasp at and covet? Do our computers hold the souls of all the "injuns" and "camel fuckers" and "niggas" and "sluts" and "witches" that everybody done fucked up and trampled? Do they stain our emails and cards with their bitter tears? I would gather my few tattered blankets and huddle hidden under the neon warmth of a New York City bank building, or ride my day glow golf cart through the Caribbean jungle with R Kelly in the back shining my nine iron with his hot girlfriend's bikini top, or take peyote bought from a homeless Native American on my way to Las Vegas, or get lost in the canyons off the California coast in someone's luxury SUV, listening to Neil Young and hoobastank and some "black music" while smoking the kind weed that some kid with famous parents gave to us as a sad, pathetic parting gift. But in all this patheticism there's beauty. It just takes the empathetic eye to shine its glow and reflect it back onto the world. And that's where its at, dude.

Adam Forkner

PABLO ECHAURREN

segue da p./continued from pg 42

development of formal geography upon which to intervene. Painting remains a typical language but it also becomes material, surface, capillary tech-

nical formula. Along with canvases there are ceramics, tapestries, collages, book and album covers, playbills, gadgets, comics, moving images . . . fields of action that diversify the result in dynamically maintaining his characteristic style. Pablo's painting refers to the transversality of *Fluid Thought*, libidinous experimentation, eclecticism as real theory and form.

. . . We must remember that Echaurren, after the seventies of civil unrest and the small-format trend, had slowed down his production for a few years. The end of the eighties witnessed him at work on quick Marinetti-inspired paintings, symptom of a natural collagist that led him to overlap, lock together, and blend figurative elements. Paintings that seem to move and make noise: they call to mind propellers, engines, turbines, lubricated mechanisms, imbued with Francis Picabia and futurist airpainting, dadaism and erector sets, anti-abstraction and games.

Beginning again in the early nineties, the square works are the confirmation of an esthetics that first acts upon minimal and sequential variables of a common subject, then maniacally reiterates each element or their variations. A tree, an animal, a dragon, a heart, a volcano, a still life, a guitar . . . forms that leave an impression upon his imagery and multiply themselves in the closely-woven scheme of visions that are by now hypnotic, distant from any official formalism.

In recent years his canvases turned the structure towards stories of greater wickedness and underground noise. And here we are again with the dirty backdrops of savage color spreading: and above a few subjects that are more realistic and beastly than usual. A game of concentric repetitions and dynamic turbines that catapults us in a harder color that calls to mind Berlin Wall ambiance.

I'm looking over again the canvases of the various cycles and I think of futurism and surrealism, the acid gazes of a trip, historic rock, late-seventies graffiti artists, the antagonist countercultures, the great museums without inhibitions, the obsessive rhythms of an electronic music that accompanies the body upon less terrestrial confines. They give me a confirmation of the creator's spontaneous intuition, of his ability to anticipate the recent figurative cultures between postcomics and ironic citations. Few artists can boast of influencing the new generations. And above all very few extend their own influence upon languages that are at times different, upon design and graphic art, painting and illustration, sculpture and every esthetic application of drawing. Various artists acknowledge their debts, some do not possess the historical memory, but win for talent and intuition, others believe in sly vagueness without remembering the democracy of History. Our Pablo Echaurren has been anticipating and strengthening the contamination for over thirty years now. He blends HIGH AND LOW in a redeeming fusion—both ethical and esthetical. Suddenly, without moralisms and closed forms, he makes any vertical difference disappear.

Gianluca Marziani

CHOI JEONG-HWA
segue da p./continued from pg 54

who you feel comfortable with.

When I think of Choi, I also think of bars—everybody says he designed the best bars in Seoul. Bars are places where people go to relax and be with friends, to have fun and act a little ridiculous, even silly. Choi likes to be silly just as much as he likes to be serious. Korea is changing rapidly and he observes this carefully and critically. Perhaps he is seriously silly? However, it is easy to approach his art and his art is as hospitable as a good bar that affords you new experiences and pleasures without ever making you feel conscious of it or uncomfortable. Unlike a lot of contemporary art that often excludes the spectator using esoteric tricks or complicated theories, Choi uses materials that are immediately familiar in combinations that are logical and seen every day outside the artistic context—even though it may be a stall of rotting food or piles of plastic merchandise from street markets.

Yes, I think that this is why his art is so important at the moment: he opens his eyes wide to see a vast, coloured, eclectic and fascinating spectacle, from the crowded and hurried streets of Seoul to the élitist international art scene. The quality of his post-modernism has a broader prospective than that of most artists: he can skilfully create art for traditional spaces sensibly and sensitively using the rich and complicated cultural history of Korea, while handling the most up-to-date styles, shapes, and materials as well as using the pulsing and youthful energy of chilly modernity.

The way in which Choi balances tradition and cultural novelty makes me think of Andy Warhol, who had an innate sense of simple American values (fridges, soup, flowers, for example) but also the taste for the sensation and glitter of celebrity and the speed of media culture (cinema idols, rock stars, specialized magazines). In an interview Choi recalls that when he was a student at Hongjik University he was influenced by the international style of minimalism, practiced by the teachers, and also by the imaginary Minjung, more localist, populist and political, than the older students. Years later, having learned from the minimalists the sense of a discreet order and having absorbed the lessons of the Minjung artists of art for the people, Choi traced out his territory, dealing with problems of Korean identity in these times of rich and rapid changes. Although his lexis and approach are unique, in his attempt to deal with the tension between past and future, he has companions in other Asian countries such as Nindityo Adipurnomo, Mark Justiniani, Murakami, Takeshi, Yanagi, Yukinori, each of whom mix contemporary popular culture with questions relative to local identity and modernization. While Choi meditates on the profound problems of contemporary and ancient Korean culture, he brings freshness to contemporary art addressing local Korean culture and international consumer culture, creating metaphors through material goods.

Dana Friis-Hansen

PATRICK TUTTOFUOCO/ CIBOH
segue da p./continued from pg 74

questi aspetti insieme, come il progetto *Milky Way* (2004), un abito disegnato in collaborazione con il gruppo di designers Ciboh come un'unica forma che ospiti tre individui, così da rendere necessari movimenti coordinati in comune piuttosto che iniziative individuali.

In altri casi è la partecipazione stessa del pubblico a essere incoraggiata, spesso in un contesto "allargato" di socialità, come ancora in *Velodream*, *BMX-Y*, *Bycircle*, in *Hardcore*, nelle diverse versioni di *Superstereo*, nell'istallazione *Brazil* (2003): qui, come in alcuni dei casi precedenti, Tuttofuoco definisce situazioni vicine alle pratiche dello spettacolo, dello sport, dell'intrattenimento, incoraggiando la socialità e abbattendo al massimo le divisioni tra autore e pubblico, invitato a una relazione diretta, anche fisica coi dispositivi predisposti e mettendo in questione i confini tra spazi "istituzionali" e pubblici. Le situazioni "esperienziali" da lui progettate, incoraggiano un rapporto democratico tra individui, abolendo gerarchie e divisioni. È una tensione verso i rituali collettivi, verso i momenti aggreganti e di socialità che Tuttofuoco sollecita, evoca, mette in scena. È una sorta di design e architettura del fantastico, di matrice pop, è un non-stile che impara da Las Vegas come dalla fiera di paese; dai festival itineranti di musica, come dal venditore ambulante, zeppo di gadget luccicanti e coloratissimi, tutta plastica, lampadine e microchips.

Un'irrefrenabile attrazione per l'oggetto, per le sue capacità comunicative e affettive, muove d'altronde buona parte del lavoro di Tuttofuoco. Cose e forme sono identificate nella loro carica emotiva, sentimentale, veicolata soprattutto attraverso la loro pelle, la loro epidermide: non è tanto l'oggetto singolo, potenzialmente "unico" a essere caricato di possibilità affettive e simboliche, ad acquistare il peso del feticcio, dell'icona. Le cose nella loro unicità hanno perso oggi di spessore, di profondità, di significanza; sono valutate piuttosto per le loro capacità sensoriali, tattili, "hightouch", consumate velocemente come parte di un sistema o di un nodo di relazioni, che insieme formano un "continuum di superfici comunicative"[2]. Quindi il riferimento non è solo al design "d'autore", o a dispositivi tecnologicamente avanzati, quanto a oggetti e forme che riutilizzano e "remixano" continuamente il quotidiano non senza una carica ironica e demistificante (se parliamo di design, pensiamo soprattutto a Pier Luigi Castiglioni e Bruno Munari) o in chiave pop e visionaria (Ettore Sottsass Jr), alle superfici sintetiche e cangianti, elastiche e malleabili, ai disegni futuribili dello *sportswear*, alla miriade dei gadget e oggetti dozzinali che popolano, per esempio, le bancarelle dei venditori cinesi; piccoli oggetti a basso costo, iper-decorati e "glit", che citano icone della contemporaneità, della musica, dello spettacolo, dei fumetti, o propongono sempre nuove forme, materiali e superfici altamente seducenti e ludiche. Oggetti che attraggono e si consumano velocemente, in un'ossessione di accumulazione e trasferimento affettivo continuo. Tuttofuoco è proprio il frequentatore del "flea market", del bazar, del souk, dell'ipermercato, come luoghi reali di scambio e socialità, ma anche come metafore del consumo odierno, di uno spazio nomade e caotico, congestionato ma vitale, dove ogni cosa sta insieme all'altra senza gerarchie e divisioni.

Per questo lo spazio visivo di Tuttofuoco è un luogo di ibridazione e di scambio frenetico e continuo, dove la "costumizzazione" vince sulla purezza dello stile: stratificazioni di immaginari e immagini s'incontrano in continuazione. Le memorie delle forme mobili per socialità e intrattenimento di Constant e Cedric Price, dell'architettura radicale (Archizoom, Archigram, Sottsass, Strum, Ufo, per esempio), vanno insieme ai rituali e le strutture del nomadismo quotidiano; la Coney Island celebrata da Koolhaas, si sovrappone alla fiera di paese; gli immaginari dello sport sono rivisti attraverso i videogiochi e l'abbigliamento, la musica attraverso il videoclip, il futuro attraverso il fumetto. Immagini di un oriente mitico, sempre "a venire" (Giappone soprattutto, ma ora anche Cina e Sud-est asiatico), si confondono con i riti e i consumi delle province e alle periferie d'Italia. Le visioni stordenti e positiviste dell'arte programmata e cinetica, sono rilette da una disposizione user-friendly verso la tecnologia; le teorie relazionali sono riportate nell'ambito delle dinamiche affettive della "crew", del gruppo, della famiglia.

Tuttofuoco attraversa questi flussi di informazioni con assoluta velocità, preleva da questi cumuli di immagini e memorie, tra la spazzatura di un futuro solo immaginato e uno ancora a venire, per ricondurli a una visione personale e unificante. È uno "stile innaturale", mediato e in costante aggiornamento ma forse è l'unico possibile: importante è non bloccare mai il flusso, fare sempre la linea, mai il punto.

1. Philippe Quéau, *Alterazioni*, in *La scena immateriale*, Costa & Nolan, 1994, p. 87.
2. Elio Manzini, *Tra materialità e virtualità. Superfici comunicative e oggetti*, in op. cit. p. 65.

Reality is a matrix made up of relationships, interchanges, flows of ideas and information. It is a space for sharing and sociality, meetings and dialogues. It is a network of emotional bonds and relationships.

In his work Patrick Tuttofuoco appears to constantly evoke, provoke, reproduce the possibility of a communal act, a collective effort, produced by interchanges and confrontations. Reducing the space of personal, individualistic, intimate communication, Tuttofuoco behaves like a vector of different energies that rejoin, connect, associate, to reveal unexpressed potentials. He seeks communication with contexts that are far from his habitual horizon of relationships and observes group social rituals to underline their dynamics.

In the era of post-production, the artist is precisely this interface, this system that is open and flexible towards interchanges, the meeting point of different ideas and visions. It is up to him to provoke dialogue and confrontation, to prepare himself with curiosity and open-mindedness to meet the next person and to deal with the baggage of opinions, affections and passions that this meeting brings with it. McLuhan had already identified the new communicative and relational potential that electronic media introduced, emphasizing the space of interchanges, of sociality, community, taking away duties and responsibilities from the artist in order to increase them for the team ("As new technologies come into play, people are less and less convinced of the importance of self-expression. Teamwork succeeds provate effort." And again "Now we have to adjust, not to invent,"

he wrote in *The Medium Is the Massage*). Digital technologies have stepped up the speed and the potential for interchange and communication, multiplying spaces for sharing and relationships: individuality is increasingly hybrid and flexible, an encounter of innumerable flows of information and experiences. Shapes and narratives are increasingly the result, though extremely provisional and open to redefinition, of intricate encounters, which take place above all in the flexible and absorbent space of the web that blurs edges and divisions in a continuous melting-pot. Individuality merging in continuous sharing.

The space evoked by Tuttofuoco is precisely what a sociologist such as Philippe Quéau would call "an active painting, intimately crossbred with the model represented."[1] It is a platform, a structure for meeting and interchange, rather than a closed and definitive form. Tuttofuoco incites the immense potential of transformation that can derive from the connection, both physical and theoretical, between single elements, like parts of a machine initially conceived only in terms of power. They are forms and stage sets built for/by others, models of interrelationships that do not seek the safety of a style, but the continuous staging of a flow of possibilities.

They can be spaces left completely empty for the expression of the talents and passions of others, a place of amateurism and dilettantism (the installation-performance *Scooter*, 1999), situations that encourage audience participation (the performance and subsequent video *Otto*, 2000, the architectural installation *Hardcore* with Massimiliano Buvoli and Riccardo Previdi, 2001), images that visualize the structures and connections among individuals (the photograph *Famiglia*, 1998, the sculpture-installation *Grattacielo*, 2000, the two series of photographs *Combo*, 2001–2002), performance forms and situations generated by the dialogue with other individuals and their talents (all the works produced in tandem with electronic music duo BHF like + and *Superstereo*, or the work produced with architect Paolo Brambilla for the project for a public urban contrivance *Display*, 2002) can still be images that represent, portray a group of people close to the artist's affections (again the image *Famiglia*, the installation-performance *Velodream*, 2001, the video-animation *Boing*, 2001, the various images *Dojo*, 2003). Or forms that combine some of these aspects, like the project *Milky Way* (2004), a dress designed with the group of designers Ciboh as a single form that clothes three individuals, so as to render necessary identical, co-ordinated movements rather than individual resourcefulness.

In other cases it is audience participation that is encouraged, often in a "broader " context of sociality. Once again in *Velodream*, *BMX-Y*, *Bycircle*, in *Hardcore*, in the different versions of *Superstereo*, in the installation *Brazil* (2003). As in some of the previous cases, Tuttofuoco defines situations that have something in common with show-business, sports, entertainment, encouraging sociality and breaking down, as far as he is able, the divisions between artist and public, invited to form a direct, even physical relationship with contraptions prepared in advance and questioning the dividing line between "institutional" and public space. The experiential situations he designs encourage a democratic relationship between individuals, abolishing hierarchies and divisions. It is a straining towards collective rituals, towards rallying moments and sociality that Tuttofuoco urges, evokes, stages. It is a kind of design and architecture of the fantastic, with pop roots, a non-style that he learns from both Las Vegas and village fairs; from touring music festivals, from traveling salesmen, groaning under the weight of shiny, colorful gadgets, all plastic, light bulbs and microchips.

On the other hand, an irrepressible attraction to the object, to its communicative and affective qualities, moves a large part of Tuttofuoco's work. Things and shapes are identified by their emotional, sentimental charge, diffused above all by their skin, their epidermis: it is not so much the single, potentially "unique" object to be loaded with affective and symbolic potential, to acquire the importance of the fetish, the icon. Things in their uniqueness have nowadays lost their weight, their depth, their significance: they are valued instead for their sensorial, tactile, "high-touch" quality, consumed quickly like part of a system or a knot of relationships, which together form a "continuum of communicative surfaces."[2]

Therefore, the allusion is not merely to "genuine" design, or to technologically advanced apparatuses, but also to objects and forms that continuously reuse and "remix" the everyday, not without an element of irony and demystification (when talking about design, we are thinking, above all, of Pier Luigi Castiglioni and Bruno Munari). Or, in a pop and visionary vein (Ettore Sottsass, Jr.), to the synthetic and iridescent, elastic and malleable surfaces, futuristic sportswear, the myriad of tawdry gadgets and objects that crowd, for example, the stalls of Chinese market vendors. Small, cheap, hyper-decorated "glit" objects that quote icons of contemporaneity, music, show-business, cartoons, or propose ever new forms, materials and surfaces that are highly seductive and playful. Objects that attract and are consumed quickly, in a nightmare of hoarding and continuous emotional transfer. Tuttofuoco is the classic haunter of "flea markets," bazaars, souks, hypermarkets, in as much as they are genuine places of interchange and sociality, but also metaphors for modern-day consumption, a nomadic and chaotic space, congested but animated, where every thing is piled on top of each other without hierarchies or divisions.

This is why Tuttofuoco's visual space is a place of cross-breeding and frenzied and continuous interchange, where "customizing" wins over purity of style and layers of the imaginary world and image meet in continuation. Memories of mobile forms for sociality and entertainment by Constant and Cedric Price and radical architecture (Archizoom, Archigram, Sottsasss, Strum, UFO, for example) go hand in hand with the rituals and structures of everyday nomadism. Coney Island, celebrated by Koolhaas, is superimposed on the village fair. Sports images are revisited through video games and clothing, music through video clips, the future through comics. Images of a mythical East, always "still to come" (Japan, above all, but now China and South East Asia, too), are mixed with the customs and usages of the provinces and backwaters of Italy. The stunning and positivist visions of programed and kinetic art are reinterpreted by a technologically user-friendly contrivance; relational theories are taken back to the sphere of the emotional dynamics of the "crew," the group, the family.

Tuttofuoco traverses these flows of information with absolute speed, drawing from these piles of images and memories, out of the rubbish of an only imagined and yet to come future and leading them back to a personal and unifying vision. It is an "unnatural," mediated and constantly updated "style," but perhaps the only one possible: the important thing is never to block the flow, keep drawing lines, never dots.

1. Philippe Quéau, "Alterazioni," in La scena immateriale (Costa & Nolan, 1994), p. 87.
2. Elio Manzini, "Tra materialità e virtualità. Superfici comunicative e oggetti interattivi," in op. cit. p. 65.

Luca Cerizza

PETER WILSON
segue da p./continued from pg 80

through a small opening the sublimest view. The architect choreographs the experience of a building. Transparent buildings do not interest me. They have no surprises, no layers to be unraveled. Our ambition is to infuse buildings with an aura, a unique atmosphere as in the Münster Library that draws 3,000 to 4,000 visitors per day or the

Luxor theater in Rotterdam, which metaphorically puts its audience on stage.

J-WW: Bolles+Wilson are active in many European countries, cultural differences seem to play a catalytic role in your work?

PW: As an Australian I'm in "the man from Mars" role, no inherited attachments, free to explore. I find enormous potential moving among European countries. This is not only on the scale of large projects like our BEIC Library in Milan and the New National Library of Luxemburg but also on the scale of details or topographic nuances like the open Dutch landscape and the opposite situation in Germany where everything interesting is somewhere behind a bush. My partner Julia Bolles-Wilson is operating from her hometown (Münster) outwards, with all the cultural baggage that Europeans are privileged to carry. With this ambiguous pedigree we are somewhat difficult to place. The Brits think of us as Germanic-austere while the Germans tend to regard us as somewhat unpredictable. Recent projects in Australia and Albania (the "A" countries) are being well received.

J-WW: You left Australia in the early seventies, studied and taught at the AA in London.

PW: Aaaaaah yes, the AA, we spent more than ten years there teaching, developing and rehearsing the themes, conceptual framework and architectural position that now informs our building activities. Our work is characterized by a German exactitude and an almost contrary multiplicity inherent in open-ended Anglo-Saxon pragmatics, an adjusting to the situation. We belong to both worlds. Our buildings function well but there are also other layers at work, a multi-dimensionality.

J-WW: Despite their diverse locations and functions there is a characteristic unity among your projects. With the Nord LB Bank next to the Cathedral in Magdeburg, the Suzuki House in Tokyo and the Falconreid Quartier in Hamburg you see at once that these are all Bolles+Wilson buildings and also that they are always elaborations of the limits of context or program.

PW: Yes, this is an experimental but extremely workable strategy. Take the Luxor theater where delivery lorries needed to reach the first floor stage, the resulting and subsequently expressively elaborated ramp gives the building its character, its theme, a socle on which the whole building rests, or rather hovers. Our pragmatic approach to process is like docking a ship. The ship's course is determined by the architect-captain but influenced by changeable winds (investors, planners or builders). The course steered among the various

waves of opinion becomes more precise the closer we get to port—the project focuses.

J-WW: And the contemporary cultural context in which your projects land?

PW: The current media culture is instantaneous, and also not specific to place like architecture. It surfs on an endless production of throw-away images, images without depth. This mode of perception and consumption is at odds with the slow and lasting fact of a building. The architecture that interests me is not that of the seductive media-hit. It is almost its opposite. It is a place that will still be there tomorrow, a place with an aura, with soul.

The YOOX Project

Penso spesso come dovrebbe essere un'azienda ideale.
Alcune parole come "tendenza", "serialità", "informatica", "eclettismo", "narrazioni" potrebbero essere
indicative di un modo di fare che di solito non compare nel vocabolario di un'azienda ma in yoox sì, perché anche la
cultura è un suo obiettivo.

Ecco la parola "Tendenza": non un abito uguale per tutti ma un abito diverso per ciascuno.
Ecco "Serialità": quella tra unicità e serialità sembra diventata l'eterna battaglia del mondo moderno. L'unico, l'opera d'arte, l'originale irripetibile, sono i
segni di un passato artistico e artigianale, mentre ciò che è riprodotto, l'oggetto in serie, il duplicato, sembrerebbero i segni del presente industriale. Ma
nel complesso e stratificato universo del consumo di oggi molti oggetti industriali hanno riguadagnato il diritto ad essere fruiti come unici e irripetibili.
Poi "Informatica". Modi e tempi di vita sono sottoposti a una rivoluzione percettiva e culturale straordinaria... l'uomo sembra un personaggio col dono
dell'ubiquità conquistata tramite l'informazione senza luogo...
E ancora "Eclettismo". Il mondo è eclettico in sé. Il mondo è eclettico anche da un punto di vista temporale, cronologico. Vi sono materie antiche e altre
nuove e nei sistemi produttivi convivono tecniche arcaiche e avanzate, modi antichissimi e nuovissimi di lavorare e trasformare i materiali.
Infine "Narrazioni": ogni oggetto è frutto di contingenze, di utopie, di scommesse progettuali, di umori espressivi. La narrazione dell'oggetto si rivela nelle
scelte formali, nel carattere stilistico, nell'identità strutturale, ma soprattutto si evidenzia nella superficie, nel colore, nella decorazione.
Ecco gli abiti su yoox: sono fatti di informatica, eclettismo, serialità, tendenza e narrazioni.

The YOOX Project

I often think The Yoox Project should be an ideal business. Some words, such as "flair ", "seriality," "information technology," "eclecticism," "narratives" could be
indicative of an attitude which does not usually appear in a company's lexicon but does in Yoox, because culture too is one of its goals.

So we have the word "Flair": not the same dress for everybody but a different dress for each person. We have "Seriality": the battle between uniqueness and seriality
seems to have become the eternal battle of the modern world. The unique, the work of art, the unrepeatable original, are evidence of an artistic and artisan past,
while whatever is reproduced, standard, duplicate would appear to be evidence of the industrial present. But in today's complex and layered universe of consumption
many industrial objects have again earned the right to be enjoyed as unique and unrepeatable. Then we have "information technology". Ways and paces of life are
subjected to an extraordinary perceptive and cultural revolution, man seems to possess the gift of ubiquity conquered by means of omnipresent information. And
then "eclecticism". The world is eclectic in itself. The world is also eclectic from a temporal, chronological point of view. There are ancient materials and other newer
ones and in manufacturing processes archaic and advanced techniques, extremely ancient and very up-to-date working methods of processing and transforming
materials coexist. Finally "narratives": every object is the result of circumstances, utopias, design gambles, expressive moods. The narrative of an object is revealed
in its formal choices, in its stylistic nature, in its structural identity; but, principally, it is seen in the surface, the color, the decoration. So, here we have the clothes
on Yoox: made of information technology, eclecticism, seriality, flair and narratives.

Federico Marchetti

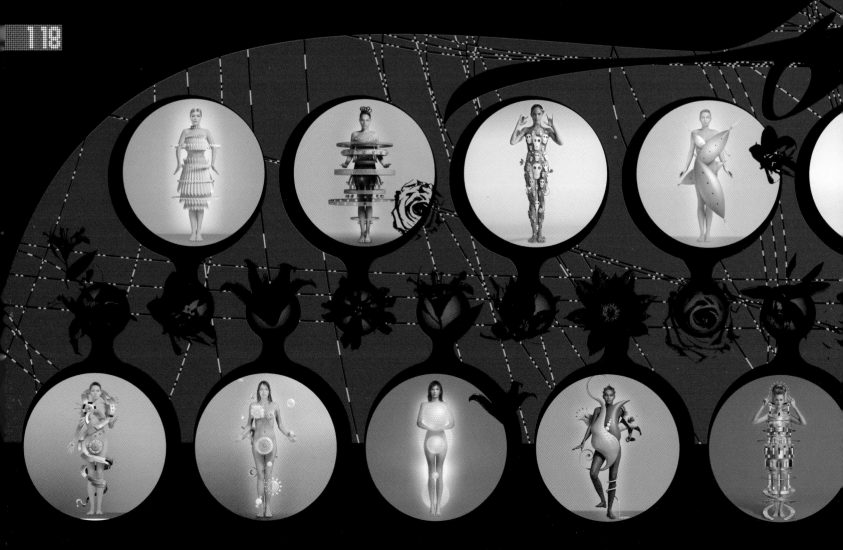

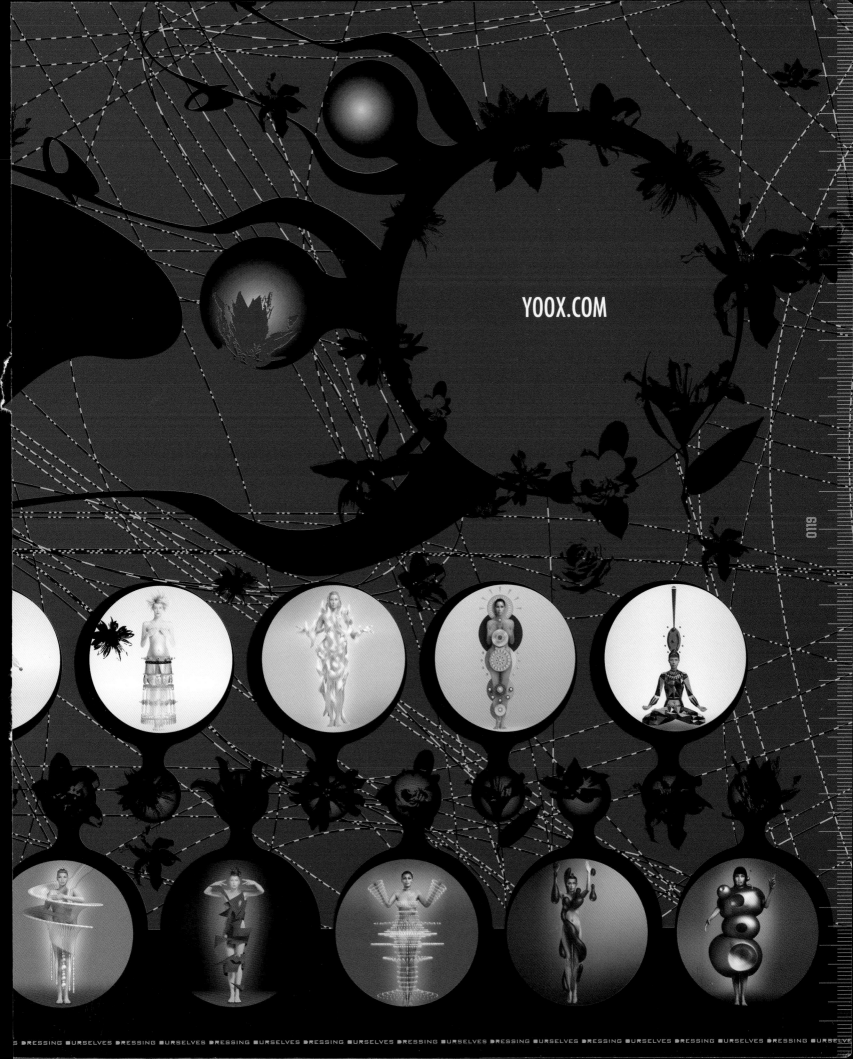

YOOX.COM

Per saperne di più su Charta ed essere
sempre aggiornato sulle novità entra in

To find out more about Charta, and to learn
about our most recent publications, visit

www.chartaartbooks.it

Finito di stampare nel gennaio 2005
da Rumor srl, Vicenza
per conto di Edizioni Charta